희망 한 톨

조호진 시인의
소년희망편지

희망 한 톨

동연

일러두기

본문에 등장하는 인물 이름은 후원자를 제외하고 모두 가명입니다.

소년의 눈물을 닦아주시면서
희망의 등불을 켜주신 그대여

반지하에 사는 미혼모, 보육원 출신 미혼모, 미혼모에게 버림받은 아기, 자식을 버리고 달아난 미혼모, 아기를 하늘로 떠나보낸 미혼부, 버림받은 손주를 키우는 원미동 할머니, 아동학대 피해자에서 가해자가 된 소년, 아비의 도박 빚에 시달리는 연변 소녀, 월세가 밀리면서 단전·단수된 채 사는 가출팸, 부천역 뒷골목을 떠도는 벼랑 끝 아이들, 강력계 형사가 수배 중인 편의점 털이범 소년, 비행과 범죄를 저지르면서 분류심사원과 구치소에 갇힌 아이들, 절망에서 희망으로 옮겨진 소년희망공장 아이들의 이야기를 '조호진 시인의 소년희망편지'라는 이름으로 썼습니다.

너무 일찍 희망을 빼앗긴 아이들에게도 희망의 불빛을 비춰달라는 편지를 망망대해에 띄웠더니 등대지기인 그대들이 희망의 불빛을 비추어주었습니다. 각자도생이 판을 치는 무한 경쟁의 바다를 항해하는 것은 희망의 불빛을 비춰주는 그대들이 곁에 있기 때문입니다. 빛도 없고 영광의 길도 아닌 가시밭길을 묵묵히 동행하며 소년의 눈물을 닦아주신 '위기청소년의 좋은친구 어게인' 임진성 이사장님과 이사님들 그리고 무겁고 힘든 십자가를 잘 메고 가는 아내

최승주 권사에게 존경의 인사를 드리면서 죄송한 마음도 전합니다. 헌신과 수고는 그대들이 하셨는데 글을 쓰고 책을 내는 것으로 인해 제가 다한 것처럼 오해를 살 것 같아서입니다.

위기에 처한 아이들을 돕겠다며 돈키호테처럼 맨몸으로 뛰어든 지 어느덧 10년 세월이 흘렀습니다. 이 길을 저 혼자 걸었다면 좌충우돌하다 중도에 포기했을 것입니다. 아이들에게 희망을 주기는커녕 그 아이들의 절망에 취해서 "세상이 뭐 이래!"라고 세상을 원망하며 고래고래 소리를 지르다 아이들처럼 좌절했을 것입니다. 그런데 따뜻함을 나누어주시는 이웃들 덕분에 힘과 용기를 얻어 여기까지 왔습니다. 혹시라도 공로가 있다면 그 공로는 제가 취할 것이 아니라 동역자들과 후원자들에게 돌아가야 마땅합니다. 그대들이여, 고마웠고 감사했습니다.

어둠의 자식이었던 제가 주의 이름으로 일하면서 책까지 내게 된 것은 결코 저의 능력과 수고 때문이 아님을 거듭 고백합니다. 동족상잔의 전쟁으로 북녘 고향을 떠나 이남으로 피난 내려와 노점상으로 살다가 행려병자(行旅病者)로 돌아가신 친부(親父)처럼 만신창이된 저의 인생 역시 그대로 두었다면 필시 비참하게 종료됐을 것인데, 벼랑 끝에 매달려서 "하나님, 살려주세요!"라고 울며불며 기도했더니 하나님께서 불쌍한 영혼을 건져주셨습니다. 사람이 짐승과 다른 것은 은혜를 아는 것이며 그 은혜로 살았으니 나보다 더 짠한 이웃에게 따뜻한 밥 한 그릇 대접하라고 하시면서 상하고 병든 영혼을 다듬고 다듬으셔서 오늘 이렇게 '소년희망배달부'로 일하게 하셨으니 나의 나 된 것은 하나님의 은혜요, 혹시라도 수고한 것이 있다면 그것은 자랑할 것이 없음이요, 오직 구원해 주신 하나님의 은혜임을 자복합니다.

각자도생 삭막한 세상
인정사정을 봐주지 않는
이 세상에서 쓰러진 자를
끝내, 일어서게 하는 것은
끝내, 희망이 되게 하는 것은
몇 푼 도와주며 내는 생색이 아니고
자비와 거룩으로 치장한 나눔 아니고
토막 낸 제 몸으로 화톳불을 피워서
추위에 떠는 이웃들을 덥혀준 장작처럼
사랑을 나누어주었으면서도 내가 주었다고
내가 다했다고 앞다투어 자랑하지 아니하고
묵묵한 수고와 헌신으로 서로를 위로하시면서
희망 한 톨 나눠주시는 봄볕 같은 그대들이여!

우리의 삶이 때때로 흔들리고, 종종 쓸쓸하고, 가끔은 부끄러울 때도 있지만, 그래도 이만하면 괜찮은 삶이었노라고 말하고 싶습니다. 춥고 배고픈 아이들에게 따뜻한 밥 한 끼니 사주고 싶은 그대들이 어두운 골목과 절망의 동네에도 희망의 등불을 켜놓음으로 인해 이 삭막하고 추운 세상이 조금은 더 따뜻해졌고, 조금은 더 살 만해졌고, 조금은 더 환해졌습니다. 그러므로 누군가 복을 받아야 한다면, 세상이 아닌 하늘에서 복을 내려주신다면 고아와 과부와 나그네를 잘 대접하라고 신신당부하신 하나님의 뜻에 순종한 그대들이 받았으면 좋겠습니다. 샬롬!

2023년 정초에 소년희망배달부

조호진 올림

차례

3부 _ 따뜻한 이웃

1부
무너져내리는 가정

미혼모의 이부자리를 펴면서

아내는 상경하는 숙희네 식구를 마중하러 아침 일찍 서울역에 갔고, 명절 음식 준비에 바쁜 저는 아내보다 일찍 일어나 채소를 다듬었습니다. 참고로 말씀드리면 저는 온달 공주이고, 아내는 평강 장군이랍니다. 즉, 집안 살림은 제가 담당하고, 아내는 돈 버는 일을 담당하고 있습니다.

모처럼 쉬는 날에 평강 장군은 온달 공주가 차려준 밥을 먹고 누워 TV를 봅니다. 온달 공주는 식사 준비하고, 화분에 물을 주고, 방바닥을 쓸고 닦는 등의 집안일로 바쁩니다. 밀린 빨래를 해야 하고, 독립한 딸에게 반찬을 준비해 갖다주고, 과일을 씻어 먹기 좋게 담아 놓습니다.

살림해보니 해도 해도 끝이 없지만 나는 살림을 잘하는 온달 공주. 때론 평강 장군을 위해 족욕 물을 준비하고, 족욕을 마치면 발마사지를 해줍니다. 그러면 평강 장군이 행복하다고 말합니다.

저는 명절 음식 준비에 바빴습니다. 미혼모와 엄마 없는 소년을 초대해 명절을 지낸 지 어느덧 5년째, 그동안은 갈비찜을 중심으로 명절 음식을 구성했는데 올해는 잡채와 소불고기를 중심으로 구성하면서 간식으로 짜장 떡볶이를 추가했습니다. 제가 만든 설날 음식을 5년째 먹는 숙희네 식구를 위해 구성한 메뉴입니다. 참고로 저의 음식 솜씨는 일품입니다. 먹어본 이들은 제 음식 솜씨에 감탄하지만, 했던 음식을 또 하고 또 해서 물리게 만드는 단점이 있습니다.

"딩동~ 딩동~ 딩동~"

숙희네 세 식구에 이어 목사인 제 딸도 도착했습니다. 아내는 설빔으로 준비한 옷을 일곱 살 솜이와 다섯 살 준이에게 입혔고, 제 딸은 장난감을 선물했습니다. 예쁜 설빔과 장난감을 선물로 받은 솜이와 준이는 팔짝팔짝 뛰면서 좋아했습니다. 제가 차린 음식으로 점심을 먹은 숙희는 제 딸과 함께 아이들을 데리고 키즈 카페로 놀러 갔고, 저는 짜장 떡볶이를 준비했다가 즐겁게 놀다 온 아이들에게 차려주었습니다. 짜장 떡볶이에 대한 반응이 궁금했습니다.

"큰아빠, 짜장 떡볶이! 정말 맛있어요!"

저를 큰아빠라고 부르는 숙희가 감탄하자 아내는 "더 중요한 것은 짜장 떡볶이를 처음 만들었는데 이 정도!"라며 부채질했고, 딸은 "아빠, 떡볶이 장사해도 되겠어!"라고 덩달아 칭찬했습니다. 입가에 짜장을 묻혀 가며 떡볶이를 맛있게 먹은 두 아이는 지칠 줄 모르고 뛰어놀았고, 숙희는 친정집에 온 듯이 편히 쉬면서 아내와 이런저런 이야기를 나누었습니다.

'부모를 잘 만났으면 행복하게 살았을 텐데….'

심성이 고운 숙희를 볼 때마다 마음이 짠해서 이런 생각을 합니다. 정부의 보호가 종료된 열여덟 살에 보육원을 나온 숙희는 보육원 출신 또래와 동거를 시작했고 스무 살에 솜이를, 스물셋에 준이를 낳아 혼자 키우고 있습니다. 숙희에게 엄마 생각이 나느냐고 물었더니 이렇게 말했습니다.

"엄마 얼굴이 생각나지 않아요…."

숙희는 보육원에서 자랐습니다. 너무 일찍 떠난 엄마는 아무리 생각하려고 해도 생각나지 않는다고 했습니다. 엄마는 소식을 끊었지만, 어린 딸을 보육원에 맡긴 아빠는 간혹 찾아왔다고 했습니다. 열일곱 무렵이었다고 했습니다. 느닷없이 보육원에 찾아온 아빠는 딸의 명의로 핸드폰을 개통했고, 핸드폰 깡을 했는지 어쨌는지 500만 원가량의 요금을 체납한 뒤 소식을 끊었다고 했습니다. 그로 인해 신용 불량자가 된 숙희는 한동안 힘든 시간을 보냈다고 말했습니다.

숙희는 아빠도 엄마도 그립지 않다고 했습니다. 보육원 출신이었던 남편은 둘째 준이가 태어나자 떠났습니다. 헛바람이 들어서, 헛바람이 들어서…. 저도 버림받았으면서 제 새끼들을 버리고 떠나다니, 나쁜 놈, 나쁜 놈…. 버리고 버림받는 이 끔찍한 대물림을 어디서 끊어야 할까요?

어둠이 내렸습니다. 하루치의 허기와 두려움이 몰려오는 밤은 고아와 과부와 나그네에겐 고통의 시간입니다. 하나님은 가엾은 이들을 잘 대접하라고 부탁했습니다. 곡식과 포도를 다 가져가지 말고 가난한 이들의 몫을 남겨두라고, 이들을 억울하게 하지 말라고 했는데 세상이 과연 그런가요?

두 아이를 데리고 먼 길을 온 데다 키즈 카페까지 다녀오느라 피곤한 숙희네를 위해 이부자리를 폈습니다. 오늘 밤은 편히 쉬라고, 고단한 삶을 내려놓고 편히 쉬라고 포근한 요를 깔고 따뜻한 이불을 펴는데 눈물이 났습니다.

엄마 없이 커서
엄마가 된 엄마
혼자 아기 낳고
혼자 아기 키우는
미혼모의 이부자리를
펴는데 눈물 나는구나.

남부여대 혈혈단신의 몸
다 떠나고 다 버릴지라도
버리지 않으리, 폐렴 앓는
아이 부여안고 울며 지샌 밤
배고파 우는 아이 달래던 날

그 밤과 그날이 지나갔으니
울지 마라 엄마야 어린 미혼모야
슬퍼 마라 엄마야 어린 미혼모야
오늘 밤은 쉬어라, 편히 쉬어다오.

혼자 낳고 혼자 키운 미혼모야

세월이 흘러 옛말할 날 온단다

오늘 밤은 안식의 밤을 보내라

엄마 없이 엄마가 된 미혼모야.

_ 졸시, 〈미혼모의 이부자리를 펴면서〉

2020년 1월 30일 편지

어린 미혼부를 위한 기도

　영호(20세)에게 할머니는 엄마입니다. 영호 생모는 영호 갓난아기 때 떠났습니다. 그래서 영호는 할머니 품에서 자랐습니다. 만약에 할머니가 없었다면 영호는 어떻게 됐을까요? 생각만 해도 아찔합니다. 영호를 눈물로 키운 할머니에게 영호는 가슴 아픈 손가락입니다. 영호 아빠는 아내가 떠난 뒤 방황하면서 부자지간의 정을 나누지 못했습니다. 할머니는 부모 사랑을 받지 못한 영호를 생각하면 가슴이 미어집니다.

　영호 할머니(71세)는 부천시 원미구의 2층짜리 연립 주택 지하 단칸방에서 삽니다. 낡고 오래된 이 집은 떠난 남편과 고생해서 모은 돈으로 장만한 할머니 집입니다. 그런데 자식들과 손주들로 인해 빚이 늘었고, 그 빚을 갚기 위해 1층은 전세 내주고 할머니는 반지하 단칸방에서 살고 있습니다. 이 집에서 자란 영호는 돈을 많이 벌어서 전세 내준 1층에서 할머니가 살도록 하는 것이 꿈이라고 했습니다. 아파트에서 청소부로 일하는 영호 할머니는 은행 빚을 갚기 위해 한 푼 두 푼 모읍니다. 그런데 어느 정도 모으면 자식과 손주 놈이 돈 냄새를 맡고 털어갑니다.

영호는 아기 아빠입니다. 열아홉에 만난 또래 여자와 동거하기 시작한 영호는 스무 살에 아빠가 됐습니다. 저축 은행 빚과 핸드폰 빚 등을 합치면 부채가 2천만 원이 넘었습니다. 지난 한 달간은 소년원에서 살다 나왔습니다. 오토바이 배달을 하다가 교통사고가 났는데, 피해자와 합의를 보지 못하면서 소년보호재판에서 8호 처분(소년원 1개월 이내 송치)을 받고 한 달간 소년원 생활을 했던 것입니다.

소년원 출신을 받아준 회사

영호는 고등학교를 자퇴한 뒤 치킨집 배달 아르바이트와 오토바이 배달 대행 업체에서 일했습니다. 그런데 2년 정도의 체불 임금 3천만 원가량을 받지 못했습니다. 영호의 체불 임금 해결을 위해 부천시 청소년 보호 법률 지원 센터 소장인 김광민 변호사를 찾아갔으나 방법이 없었습니다. 악덕 업주가 신용 불량자 상태인 데다가 영호가 계약서 등으로 자기 권리를 챙겼어야 했는데 영호는 이런 사실을 알지 못했습니다. 사회적 약자인 위기 청소년들이 살아가기에 이 세상은 너무 폭력적입니다.

지난해 7월, 소년원에 갔다 온 영호를 처음 만났습니다. 검정 뿔테 안경을 쓴 영호는 동거녀 은희와 함께 3개월 된 아기 혜은이를 안고 나타났습니다. 소년원에서 나온 영호는 치킨집 배달 아르바이트를 했으나 부정기적인 아르바이트 수입으로는 2천만 원이 넘는 부채와 월세를 감당하기 힘든 상황입니다. 이대로 두면 영호네 가정은 십중팔구 깨질 가능성이 큽니다. 그렇게 되면 혜은이는 아빠처럼 엄마 없는 아기가 될지도 모릅니다. 그런 생각에 가슴이 미어졌습니다.

이종하 선생에게 영호의 취업을 부탁했습니다. 이 선생은 영호의 딱한 사정을 듣고 취직시키기에 앞장섰습니다. 고졸이 기본인 취업 시장에서 고등학교를 자퇴한 영호 혼자서는 안정된 일자리를 구하기 어렵습니다. 더군다나 소년원 출신을 채용할 기업이 과연 있을까요. 그런데 영호가 취직했습니다. 이 선생의 도움 덕분입니다. 자신이 신원 보증을 서면서 친형이 운영하는 공장에 취직시킨 것입니다.

이 선생은 지진과 건물 붕괴 등의 재난이 발생하면 자신이 훈련시킨 구조견을 통해 인명을 구조하는 활동가입니다. 이 선생은 경기도 교육청과 인천가정법원이 '위기청소년의 좋은친구 어게인'에 위탁한 보호 소년 특별 교육에서 애견 치료 프로그램에 참여하고 있습니다.

재난 현장에서 위급한 사람들도 구해야 하지만 불우한 가정환경으로 위기에 처한 청소년들도 누군가는 구조에 나서야 합니다. 영호는 이 선생의 도움으로 부채의 늪에서 빠져나올 절호의 기회를 찾았습니다.

미혼부여, 빚이 아닌 빛을 향해 걸어가라

"시인 아저씨, 잔업에 빠지지 않고 열심히 일하고 있습니다."

저를 시인 아저씨라고 부르는 영호는 자신의 안부를 이렇게 전해 줍니다. 그러면 저는 가슴을 쓸어내립니다. 어린 부부의 철없는 부부싸움이 벌어지면 가슴이 조마조마했다가 칼로 물 베기로 끝나면 가슴을 쓸어내리곤 합니다. 외줄을 타는 곡예사처럼 아슬아슬하게 살아가는 어린 부부가 안정된 삶의 고지를 얻으면서 조금은 안심하고 있습니다. 영호의 고지는 안정된 일터입니다.

영호는 현재 이 선생의 형님 회사인 변압기 제조업체 '시티이텍'(대표 이성하)에서 생산직 사원으로 9개월째 일하고 있습니다. 연봉이 2,700만 원가량이니 오토바이 배달 아르바이트로는 벌기 힘든 벌이입니다. 영호는 일해서 번 돈으로 채무의 상당액을 갚았다고 했습니다. 학력도 경력도 미달인 영호가 회사 생활에 정착할 수 있었던 것은 권혁중 관리 이사님을 비롯한 회사 동료들의 따뜻한 배려 덕분이었습니다. 회사의 배려가 아니었다면 일손이 느린 영호는 수습 기간도 채우지 못했을 것입니다.

스무 살에 두 아이의 아빠이자 네 식구의 가장인 영호를 보호하기 위해 애써주신 씨티이텍 대표 이사님과 임직원 여러분에게 감사를 드립니다. 여러분은 어린 노동자 한 명을 고용한 게 아니라 위기에 처한 한 가정을 살려주신 것입니다.

지난 4일, 영호 할머니네 집에서 영호 첫째 아기 혜은이 돌잔치가 열렸습니다. 코로나 사태 때문에 할머니네 반지하 단칸방에서 조촐한 돌잔치로 대신한 것입니다. 홀로 초대받은 저는 어게인 후원자이신 김민수 선생님이 주신 유아차와 보행기 등을 축하 선물로 전달했고, 코로나 때문에 참석하지 못한 회사 동료들은 십시일반으로 모아 축하 봉투를 전했습니다. 의지가지없던 영호에게 회사 동료들은 든든한 형님이고, 삼촌이고, 보호막입니다.

지난 3월 초엔 둘째 윤호가 태어났습니다. 회사는 열흘간의 출산

휴가를 주었고, 윤호가 아프면 회사 일이 아무리 바쁘더라도 아기를 돌보도록 배려해 주었습니다. 영호는 그동안 폭력적이고 무자비한 세상에서 고통을 당했지만 좋은 회사와 어른들 덕분에 더 나은 세상을 경험하고 있습니다. 이 세상엔 어두운 면이 있습니다.

하지만 어둠을 밝히는 빛 또한 있습니다. 그러므로 빛의 세상으로 진입한 영호가 이제는 어둠에게 속아 넘어가지 않았으면 좋겠습니다. 어둠과 채무의 덫에서 벗어나 빛과 복의 세상에서 살기를 바라는 마음에서 쓴 시입니다.

두 아이의 아빠인 스무 살 미혼부여
권리를 빼앗겼던 억울한 시절은 지나갔으니

이제는 삶의 진실한 꿈 아름다운 꿈을 꾸어라
할머니에게 원미동 집을 선물하는 꿈을 꾸어라
좋은 이웃에게 받았던 사랑을 갚는 꿈을 꾸어라
좋은 아빠를 못 만났지만 좋은 아빠의 꿈은 꾸거라

아픔과 슬픔으로 자란 미혼부를 위해 빌고 또 비나니
두 아이에겐 엄마 없는 아픔이 없기를 빌고 비나이다
돈 무서운 줄 몰랐던 철없는 시절로 돌아가지 말기를
전전긍긍 노심초사하는 할머니의 눈물을 잊지 말기를

아직은 철없는 사랑 아슬아슬한 가정이 잘 지켜지기를

그댈 아는 사람들도 빌고 모르는 사람들도 빌고 비나니

삶은 저 혼자 가는 것도 아니고 저버리는 것이 아니므로

어둠이 아닌 빛을 향해서 성실하고 진실하게 걸어가다오

_ 졸시, 〈어린 미혼부를 위한 비나리〉

2020년 4월 8일 편지

학대 피해자인 이 아이를 어찌할꼬

이렇게 버림받으려고 태어난 게 결코 아닌데
엄마는 왜 아기를 버렸을까?
사랑받기 위해 태어난 아이를
계모와 아빠는 왜 학대했을까?
버림받고 학대당한 아이는 어떻게 될까?

동현(18세)이는 엄마 얼굴을 기억하지 못합니다. 자신을 낳자마자 떠났기 때문입니다. 엄마 얼굴을 알고 싶지도 않습니다. 자신을 버리고 떠난 생모에게 남은 게 있다면 원망과 분노뿐입니다. 버릴 거면 낳지를 말지…. 동현이는 자신 따위는 태어나지 말았어야 했다고 생각합니다.

동현이는 여덟 살 때까지 계모와 살았습니다. 살았다는 표현, 그 표현은 잘못된 표현입니다. 동현이는 계모에게 학대당하면서 시름시름 죽어갔습니다. 아빠라도 감싸주었으면 덜 고통스러웠을 텐데, 계모가 학대하면 아빠는 덩달아 폭력을 사용했습니다. "야,

이 개×××! 나가 뒈지라"라는 말을 수없이 듣던 동현이는 할머니에게 맡겨졌습니다. 그런데 아빠의 폭력성의 뿌리는 할머니였습니다.

손주를 억지로 떠안은 할머니의 십팔번은 '자식 복 없는 년'으로 시작되는 신세타령이었습니다. 동현이는 중학생이 되면서 반항하기 시작했습니다. 할머니의 욕받이 대상이었던 동현이는 어느 날 신세타령에 이어 욕설을 듣고는 할머니를 넘어뜨린 뒤 집을 뛰쳐나왔습니다. 쌓였던 분노가 폭발한 것입니다. 그 이후 동현이는 할머니에게 배운 대로 욕으로 맞대응했고, 아빠와 할머니에게 당한 대로 폭력을 사용했습니다. 가계(家系)에 흐르던 폭력과 분노가 할머니, 아빠에 이어 손주까지 삼대째 대물림된 것입니다.

이 아이를 어찌할꼬?

1년 전, 할머니는 동현이를 포기했습니다. 동현이는 존속폭행의 행동을 후회하곤 했지만, 자신도 자신의 폭력성을 제어할 수 없었습니다. 동현이는 이런 스스로가 미워서 죽고 싶은 생각도 들었습니다. 할머니는 동현이 아빠에게 데려가라 하고 싶었지만, 연락이 끊긴 지 오래였습니다. 그래서 동현이는 고시원에서 혼자 살다가 고모의 지원이 끊기면서 청소년 쉼터에서 지내게 됐습니다.

지난해 6월, 동현이를 처음 만났습니다. 동현이가 다니는 학교 'Wee센터'와 학교 밖 청소년 지원 센터와 '위기청소년의 좋은친구 어게인' 등이 모여 동현이를 돕기 위한 솔루션 회의 끝에 'Wee센터'는 학교 문제를, 청소년 지원 센터는 심리치료를, 어게인은 일자리와 식사 등을 제공하기로 했습니다. 세 기관은 동현이를 돕기 위해 최선을 다했습니다. 하지만 1년이 지난 현재 두 기관은 동현이에게 손을 뗐습니다. 동현이가 학교를 그만두면서 학교와의 관계는 끊겼고, 심리치료는 동현이의 상담 거부로 중단됐습니다. 동현이에게 남은 것은 어게인뿐입니다.

> 반사회성 인격장애가 있는 사람은 사회적 규범이 없는 사람으로 타인의 권리를 무시하고 침범합니다. 또한 자신의 잘못된 행동에 대해 죄책감이 없으며 그것이 잘못인지를 인정하지 못합니다. 따라서 범죄자 중에서 반사회성 인격 장애의 비율이 높습니다.
>
> _ 서울아산병원

반사회성을 가진 동현이를 겪다 보면 누구라도 좌절하기 쉽습니다. 동현이는 세상 사람들이 자신을 미워한다고 생각합니다. 어떤 호의도 받아들이지 않습니다. 동현이 담임 선생님은 동현이를 사랑하려고 애를 썼으나 동현이의 극한 거부에 좌절했습니다. 동현이의 반사회적 인격 장애는 아이가 원한 것이 아닙니다. 자신이 원치 않은 선택에 의한 병인 것입니다. 자신을 낳은 엄마에게도 버림받았는데 이 세상 누구를 믿을 수 있겠습니까. 엄마를 잃은 아이를 감싸주어야 했던 아빠와 계모에게 마저 학대를 당했으니 그 아이가 온전할 수 있겠습니까. 이런 마음으로 동현이를 이해하려고 했으나 저역시도 좌절했습니다. 어게인 대표인 아내에게 "우리도 그만 포기하자"라고 말하니 아내는 이렇게 답했습니다.

"우리마저 손 놓으면 이 아이가 어떻게 되겠어요…."

동현이는 가출 청소년 쉼터에서도 기피 대상자입니다. 여기저기 쉼터를 떠도는 동안 쉼터에서 지내는 가출 청소년들과 싸워 문제를 일으키면서 출입 금지 조치까지 내려진 것입니다. 잠잘 곳이 없어진 아이는 아내에게 잠잘 곳을 마련해달라고 졸랐습니다. 아내는 비용이 적게 드는 고시원을 알아봤습니다. 그러면서 동현이에게 고시원을 권했더니 원룸에서 살게 해달라고 호소했습니다.

"고시원은 너무 답답해요. 숨이 막힐 것 같아서 고시원에서 살고 싶지 않아요. 대표님, 원룸에서 살고 싶어요."

동현이는 일반적인 의사소통이 불가능합니다. 자신의 욕구에만 집착할 뿐 상대에 대한 배려는 거의 하지 않습니다. 엄마에게 매달리는 아이처럼 떼를 쓰는 동현이에게 시달리던 아내는 원룸을 얻어주기 위해 동분서주했는데 괴롭고 힘들었습니다. 이 원룸은 이래서 싫고, 저 원룸은 저래서 싫다는 등의 이유를 대는 동현이 때문에 아내는 쓰러질 지경이었습니다. 그러다가 동현이 맘에 드는 원룸을 구했습니다.

지난 토요일(13일) 동현이 이삿짐을 날랐습니다. 집에 있는 여름 이불과 베개 등을 챙겨주었습니다. 동현이는 창문 있는 원룸에 흡족해했습니다. 에어컨과 세탁기, 냉장고, TV 등 풀 옵션을 갖춘 깔끔한 원룸입니다. 저는 이날도 동현이와 부딪쳤습니다. 원룸에 정수기가 없는 것 같은데 어떡하냐고, 와이파이가 안 터지는데 어떻게 하면 좋냐고 조르는 통에 저도 모르게 화가 난 것입니다. 이 아이는 아픈 아이니까 이해해야지 하고 마음을 먹었으나 또다시 자기 욕구에만 집착하는 행동에 참지 못하고 화를 낸 것입니다. 싸우고 나서 제가 미웠습니다.

　이삿짐을 정리해 주고는 바로 가려고 했으나 마음이 불편했습니다. 혼자 사는 아이에게 밥도 먹이지 않고 갈 순 없었습니다. 원룸 근처 식당에서 삼겹살을 구웠습니다. 잘 구운 살점을 골라 주었더니 눈빛이 순해졌습니다. 아이를 보면서 다시 짠한 마음이 들었습니다. 엄마에게 버림받고 계모와 아빠에게 학대당한, 오갈 데 없는 아이를 포기하려고 했던 제가 미웠습니다.

　미안하다, 소년아
　계모의 모진 학대와
　아빠의 잔인한 폭력에도
　이렇게 살아남은 소년아
　꽃이라면 시들었을 것이고
　기계라면 망가졌을 것인데
　너는 살아서 이렇게 살아서
　도와달라고 손 놓지 말아 달라고 했는데
　나는 괴롭고 힘들어서 손 놓으려 했구나.
　사랑한다 말해놓고 사랑을 속이려 했구나.

2020년 6월 17일 편지

반지하 미혼 부부에게

지난 7월 14일, 반지하 단칸방에 사는 미혼모 은주(22세)에게 다녀왔습니다. 분유가 떨어졌다기에 분유뿐 아니라 후원자들이 보내주신 보행기와 아기용 의자, 육아용품과 아기 공룡 인형을 선물하고 왔습니다.

생후 190일 된 주훈이는 자고 있었습니다. 분유와 이유식을 잘 먹어서인지 듬직하게 자랐습니다. 다리는 천하장사 다리 같았습니다. 따뜻한 이웃 덕분에 방구석에 있던 곰팡이는 사라지고, 좋은 이웃이 선물한 옷장 덕분에 살림이 정리됐고, 분유 포트 덕분에 온도에 맞춰 분유를 탈 수 있게 됐습니다. 한 아이를 키우려면 온 마을이 필요하다는 말이 생각났습니다.

지난 3월, 도움을 청했는데 하루도 안 되어 해결됐습니다. 경상남도 진주에 사는 페친은 제습기를, 가난한 목회자의 아내는 새 분유 포트 다섯 개를, 삼 형제를 둔 부부는 옷장을, 부천의 따뜻한 엄마는 동화책과 아기용품 등을 후원했습니다. 특히 이유식 업체를 운영하는 삼 형제 엄마는 주훈이와 다른 미혼모 아기의 이유식을 무료로 제공하겠다고 했습니다.

아, 세상은 정말 살만하구나! 봄은 그냥 오는 게 아니라 따뜻한 사람들 덕에 오는구나! 삭막하고 살벌한 이 세상이 살만한 것은 내 것을 나누며 서로 사랑하는 그대들 덕분이구나!

은주의 얼굴이 밝아졌습니다

은주가 밝은 목소리로 좋은 소식을 전해 주었습니다. 남편 병호(21세)가 코로나 사태로 실직하는 바람에 은주는 한동안 편의점 아르바이트를 해야 했습니다. 그러다가 병호가 치킨 배달 일을 다시 시작하면서 육아에 전념하게 됐다고 했습니다. 새로 일하는 곳에선 시급이 11,000원으로 올랐다고, 고용도 안정된 조건에서 일하게 됐다고 그리고 LH 공공 임대 주택을 신청했는데 선정될 것 같다고 했습니다. 그래서 잘됐다, 아주 잘 됐다고 축하했습니다. '위기청소년의 좋은친구 어게인'(대표 최승주)에서는 분유와 기저귀를 계속 지원하는 동시에 주훈이 아기 보험을 들어주기로 했습니다.

'어린 미혼 부부야, 너희들은 혼자가 아니란다. 세상은 혼자 사는 것이 아니란다. 너희를 위해 기도하면서 사랑을 나누는 좋은 이웃이 있다는 것을 잊지 말아라. 우리 삶은 서로 연결돼 있다는 것, 가난할수록 연대해야 한다는 것을 꼭 기억해라' 마음속으로 이렇게 응원했습니다.

은주네에게 분유와 쌀과 육아용품을 지원하고 있지만, 이보다 더 주고 싶은 것은 삶의 짐을 단단히 매는 용기와 의지입니다. 삶의 짐은 스스로 지지 않으면 불행해집니다. 위기 청소년과 미혼모 부모

중 상당수는 삶의 짐을 책임지지 않아 그 무거운 짐이 자식들에게 떠넘겨집니다. 그로 인해 부모의 삶만 망가지는 게 아니라 자식들의 삶이 망가지고, 자식들의 삶만 망가지는 게 아니라 불행이 그 아기들에게 대물림됩니다. 그럴 때마다 저는 '대물림을 끊어다오, 제발!' 하며 마음속으로 빕니다. 이 대물림을 끊지 않으면 비극은 계속될 것입니다. 그러므로 제발 끊어, 제발 좀 끊어다오!

가난과 게으름, 원망과 불만, 무절제한 생활, 박약한 의지와 쉽게 때려치우는 학습된 자포자기…. 부모에게 가난뿐만 아니라 잘못된 습관까지 물려받은 위기 청소년과 미혼모들은 무엇이든 포기하기 일쑤입니다. 포기하고, 절망하고, 원망하고, 달아나고, 술독에 빠지고, 도박하고, 사채 쓰고, 병에 걸리고…. 그러므로 은주가 가계에 흐르는 저주를 끊고 축복의 삶을 누렸으면 좋겠습니다. 쉽지 않은 바람이지만 아기 주훈이가 행복해질 수 있다면 그 어떤 노력이든 다해야 합니다. 빌고 비는 마음으로 〈반지하에 사는 미혼 부부에게〉를 썼습니다.

봄이 왔는데도
꽃은 아니 피고
곰팡이만 피어서
아픈 몸 아플지라도
알바 인생 잘리고 또 잘릴지라도
쌀과 분유 떨어져 피눈물 난다 해도
살아라, 피눈물 삼키며 악착같이 살아

힘들어도 살고 더러워도 살고 꼭 살아

아무리 살려고 몸부림쳐도 살길 안 보여

이 세상 다 엎어버리고 끝내겠다 말아라

없는 놈이 깨지지 이 세상 깨지진 않는다

그러므로 살아 제발 살아 끝내 살다 보면

살아진다, 아이는 자라고 남루한 살림에도

처진 어깨에도 핀다, 아니 꽃 피곤 못 배긴다

그리하여 좋은 날이 오면

눈물 나게 좋은 날이 오면

하늘도 기뻐하며 축복하리라

나라를 세우는 것보다 더 소중한

가정을 세운 그대들아 참 잘했노라

이에 행복을 주노니 그때 참예하라

_ 졸시, 〈반지하에 사는 미혼 부부에게〉

2020년 7일 22일 편지

소녀의 죽음

4년 전, 한 소녀가 끔찍한 주검으로 발견된 충격적인 사건이 발생했습니다. 목사이자 신학대 교수였던 아빠의 폭행으로 사망한 여중생이 백골 상태로 발견됐습니다. 경찰에 의해 발견된 소녀의 주검은 사망한 지 11개월이 지난 상태였습니다. 소녀는 너무 오랫동안 홀로 그 자리에 있었던 것입니다.

소녀에게 살 기회가 전혀 없었던 건 아닙니다. 아빠의 잦은 가정폭력을 피해 가출한 소녀는 초등학교 때 담임 선생님을 찾아갔습니다. 하지만 선생님은 소녀를 달래서 돌려보냈습니다. 갑작스럽게 찾아온 소녀를 도와줄 상황이 아니었을 것입니다. 도움을 받지 못한 소녀는 오갈 데 없이 귀가할 수밖에 없었습니다.

아빠는 딸이 가출했다는 이유로 다섯 시간에 걸쳐 폭행했고 소녀는 끝내 숨을 거두고 말았습니다. 소녀의 도움 요청을 외면한, 외면할 수밖에 없는 우리는 이 죽음이 나와 아무런 상관없다고 말할 수 없을 것입니다.

소녀가 살던 곳과 죽은 곳이 부천이었기에 부천에 '소년희망공

장'과 '소년희망센터'를 만든 '위기청소년의 좋은친구 어게인'은 괴
로웠습니다.

'소녀여, 미안합니다….'

소녀는 하얀 꽃이 됐을까?
아니면 푸른 별이 됐을까?
소녀가 꽃이 됐든 별이 됐든
그 나라에서 엄마를 만났을 겁니다.
아니 꼭 만났어야 합니다. 만나야만 합니다.

암 투병하다 어린 딸을 두고 떠나야만 했던 엄마는
너무 일찍 천국에 온 딸을 품에 꼭 안아주었을 것입니다.

아, 이제 고통은 끝났습니다.
소녀가 사는 영원한 나라는 애통도 없고,
이별도 없고, 가정폭력도 없고, 죽음도 없고,
도움의 손길을 청해도 외면하는 무정함도 없는 나라이니까요.

소녀여, 눈물도 폭력도 없는
그 나라에서 못다 핀 꽃을 피우길 빕니다.

벼랑 끝에 선 소녀

부천에서 백골 여중생 또래의 한 소녀를 만났는데 그 소녀 또한 여중생처럼 막다른 벼랑 끝에 서 있습니다. 위기에 처한 소녀를 보고도 못 본 척 외면할 수가 없어서 내가 돕겠다고 선뜻 말했습니다. 그로 인해 한 달째 고민 중입니다. 소녀의 상황을 파악했더니 한두 문제가 아닙니다. 적당히 한두 번 돕고 만다면, 한두 가지만 도와주어도 된다면 적당히 도우며 생색낼 수 있겠는데 그런 상황이 아니었습니다. 괜히 돕겠다고 했나? 남들처럼 나도 외면하고 말까? 제 능력으론 소녀의 문제를 모두 해결할 수가 없어서 한 달가량 속앓이하고 있습니다. 마음이 하도 무겁고 힘들다 보니 외면하고 싶은 생각까지 들었습니다. 그런 생각을 하다 섬뜩했던 것은 성경 구절이 가슴을 찔렀기 때문입니다.

> 너희는 내가 배가 주릴 때 내게 먹을 것을 주지 않았고, 목마를 때에 마실 것을 주지 않았고, 나그네로 있을 때 영접하지 않았고, 헐벗었을 때 입을 것을 주지 않았고, 병들어 있을 때나 감옥에 갇혀 있을 때 찾아 주지 않았다. 그때 그들도 이렇게 말할 것이다. '주님, 우리가 언제 주님께서 굶주리신 것이나, 목마르신 것이나, 나그네 되신 것이나, 헐벗으신 것이나, 병드신 것이나, 감옥에 갇히신 것을 보고도 돌보아 드리지 않았다는 것입니까?' 그때 임금이 그들에게 대답하기를 '내가 진정으로 너희들에게 말한다. 여기 이 사람들 가운데 지극히 보잘것없는 사람 하나에게 하지 않은 것이 곧 내게 하지 않은 것이다' 하고 말할 것이다(마 25:42-45).

2020년 11월 11일 편지

알콜릭 미혼모를 건져주소서

한 알 한 알
십자수를 놓으면서
얼마나 많은 생각을 했을까.

상하고 망가지고 으스러진
인생의 파편들을 모으고 모아서
십자수처럼 가지런히 수 놓는다면,
눈물의 십자가 아래 엎드려 기도한다면
비련의 인생을 치유해 주실까? 새롭게 해 주실까?

그녀의 십자수 선물

정신병원에서 퇴원한 그녀(40세)가 성경과 십자가를 수놓은 십자수를 선물했습니다. 알코올 중독의 깊고 어두운 터널에서 벗어나기 위해 안간힘을 쏟고 있는 그녀가 고마움의 표시로 선물한 십자수는 수천 개의 큐빅을 캔버스에 정성껏 수놓아 만든 수공예 작품입니다. 알코올 중독 치료를 다짐하며 두 번째 입원했던 그녀는 피붙이에게조차 외면당한 자신과 아들을 보호자처럼 돌봐준 아내 최승주 권사에게 감사의 표시로 십자수를 선물하면서 다시는 알코올의 늪에 빠지지 않겠다는 의지를 밝혀서 내심 기대했지만….

병원에서 퇴원한 그녀가 술병과 담배꽁초로 엉망이 된 집 안을 대청소한 뒤 어게인 사무실에 출근해 자원봉사 활동을 하겠다는 뜻을 밝혀 우리 모두 환영했습니다. 그러면서 어디 좀 다녀오겠다고 해서 그러라고 했는데….

'베드 파더'에게 양육비 받아내려다가

"대표님, 속이 상해서 술 좀 마셨습니다."

"그럼, 그 사람들이 당신을 환영할 줄 알았어요!"

한동안 소식이 끊겼던 그녀가 또다시 술에 취해 전화했습니다. 다시는 술을 마시지 않겠다고 다짐의 다짐을 해놓고, 거듭남의 의지를 다지면서 십자가 수 놓기까지 해놓고 한순간에 무너뜨린 그녀에게 실망한 아내가 그녀를 심하게 나무랐습니다. 늘 위로와 격려로 도와주던 아내의 꾸짖음에 그녀는 당황했습니다.

그녀가 잠시 다녀오겠다는 '어디'는 그녀를 임신시킨 나쁜 남자의 집이었습니다. 그녀가 유학 갔다 돌아와 학원 강사로 일하던 시절 수강생이었던 나쁜 남자는 그녀의 임신 사실에 달아났고, 사생아를 낳은 그녀는 아들(17세)을 혼자서 키워야 했습니다.

어린 시절 폭력과 학대의 아픔을 딛고 보란 듯이 살아보려고 유학까지 다녀온 그녀는 시인의 꿈을 키우면서 열심히 살았건만 나쁜 남자로 인해 미혼모가 되면서 인생이 망가졌습니다. 의지할 누구도 없는 무섭고 외롭고 불안한 세상에 버려진 그녀는 우울증을 달래려 마신 술에 취해 알코올 중독자가 됐습니다.

기구한 그녀의 인생을 알게 되면서 그녀를 짓밟은 나쁜 남자에게 양육비를 받아내는 방법을 알려주었고, 새 삶의 목표로 '베드 파더'에게 양육비를 받아내기로 한 그녀는 나쁜 남자 집으로 찾아가 그 남자의 아버지에게 찾아온 뜻을 밝혔다가 사과받기는커녕 미친 × 취급받은 그 충격에 술을 마셨던 것입니다.

알콜릭과 존속폭행의 사슬을

인천가정법원은 2020년 소년보호재판에서 엄마를 폭행한 아들에게 '2호 처분'(수강 명령)을 내렸고, 수탁 기관인 어게인은 그녀의 아들을 10회에 걸쳐 상담했습니다.

미혼모 가정에서 태어난 아들은 온전한 양육과 돌봄을 받지 못했습니다. 나쁜 남자에게 버림받은 엄마는 삶의 희망을 잃어버린 채 술에 의지했고, 나약하고 무기력한 엄마의 모습에 스트레스를 받은 아들은 엄마에 대한 분노를 폭력으로 표출했습니다. 10회에 걸친 상담 결과 아들은 자신을 홀로 키우면서 힘들었을 엄마에 대해 생각하고 이해하면서 엄마와의 관계 회복 의지를 밝혔습니다. 재범 가능성이 희박할 것이란 평가에 따라 엄마와 아들과의 최종 면담을 거쳐 종결할 예정이었습니다.

이대로 종결해도 무방했습니다. 법원이 위탁한 것은 처분에 대한 이행이었고 이를 성실하게 수행했으므로 그녀의 인생사와 가정사에 개입하지 않아도 됐습니다. 그런데 그럴 수가 없었습니다. 어게인이 인천가정법원 수탁 기관이고자 한 이유는 실적을 쌓기 위함이 아니라 한 생명이라도 살리고 싶어서였습니다. 그날 처음 본 그녀의 모습에서 형언하기 힘들 정도의 슬픔과 고통을 봤고, 이대로 종결하면 존속폭행의 비극이 계속될 것이 예상됐기에 법원이 특별히 부탁하지 않았음에도 불행과 고통의 늪에 빠진 모자를 살려야겠다는 일념으로 그녀의 삶 속으로 뛰어들었다가 늪에 빠졌습니다.

실직한 그녀를 위해 생활비를 지원하고, 병원비와 이사 비용 등의 일체를 지원했습니다. 삶의 용기를 낸 그녀는 요양 보호사 자격증을 따면서 삶의 의욕을 보이는 듯했으나 세상에 적응하지 못한 그녀는 또다시 술에 취했고, 아들은 엄마를 또 폭행했습니다.

그래서 그녀를 설득해 알코올 중독 치료를 위해 정신병원에 입원하기로 하고 어게인의 수호천사이신 채송화 수녀님의 도움을 받아서 병원에 입원시킨 뒤에 존속폭행뿐 아니라 비행에 노출된 아들을 보호하기 위해 경찰과 법원의 긴밀한 연락과 도움으로 쉼터에 입소시켰습니다.

그녀를 구해주소서

양극성 정동 장애, 공황 장애와 우울증, 사회생활 및 일상생활 불가능, 반사회성과 편집증, 분노, 적개심, 불신, 성격 장애….

그녀는 헤어나기 힘든 늪에 빠졌습니다. 늪에 빠진 게 그녀의 잘못만은 아니지만, 그녀를 늪에서 건지기엔 그녀가 너무 깊은 병에 걸렸고, 본인도 본인을 믿을 수 없을 정도로 의지박약합니다.

우리는 그녀를 건질 수 없을지도 모릅니다. 그러므로 현명한 방법은 포기하는 것입니다. 그녀를 건지려고 하면 할수록 더 빠질 것입니다. 하지만 우리 또한 늪에 빠졌다가 구원받았습니다. 그러므로 빚진 자로서 두 손을 모아서 기도드립니다.

"주님! 우리는 건질 수 없지만, 우리를 건져주신 주님께서는 불쌍한 이들을 건져주실 수 있으시니 가엾은 그녀와 아들을 부디 건져주소서."

2022년 6월 29일 편지

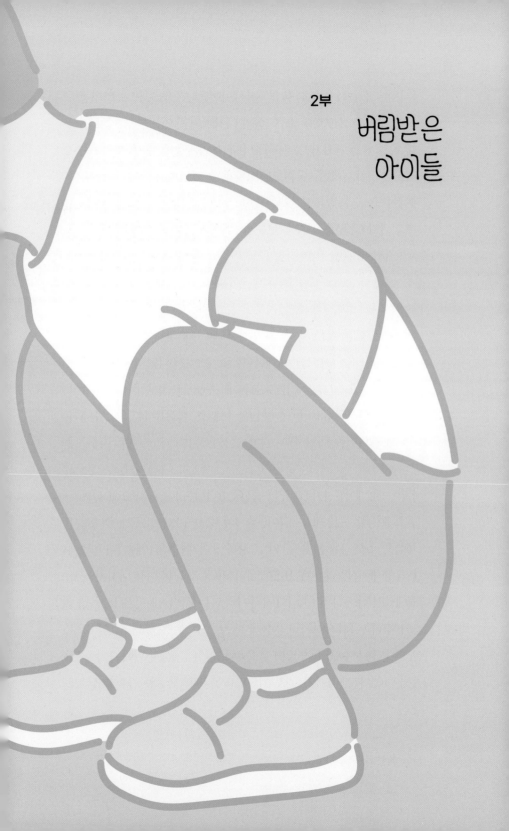

2부

버림받은
아이들

한 많은 이 세상 죽지 않고 같이 삽니다

며느리가 버리고 간
손주를 키웠더니 그 손주 놈이
어떤 여자애와 아이를 낳아 데려왔는데
그 여자애가 증손주를 버리고 가는 바람에
돌도 안 지난 아기를 버리고 가는 바람에

손주에 이어 증손주까지 키우게 된
원미동 할머니는 힘들고 괴로운 이 세상
손주 놈 키우는 것도 그리도 힘들었는데
늙고 병든 몸으로 아기를 또 어떻게 키워
괴롭고 힘들어서 어떻게 죽을까 밤을 지새웠는데

1년 넘게 도우면서 정을 쌓은 내가
산 생명은 살아야지 않겠냐면서
증손주와 같이 죽지 말고 같이 살자고

버려진 아기 혼자 키우지 말고 같이 키우자고
바람 넣는 바람에 원미동 할머니 안 죽었습니다.

아동 수당은 애 버린 미혼모가 타 먹고
또 다른 수당은 아비 노릇도 하지 않는
손주 놈이 타 먹는 바람에 원미동 할머니는
양육비와 생활비에 쪼들려 괴로워하는 바람에

할머니에게 매월 양육비를 지급하고
겨울엔 춥지 말라고 연료비도 드리고
쌀과 라면, 분유와 기저귀, 장난감과 옷가지 등을
갖다 나르는 사이에 할머니와 눈이 맞아 버렸습니다.

증손주가 오미크론에 걸렸다고
증손주가 드세져서 키우기 힘들다고
할머니마저 아파서 한 많은 인생 흔들리면
할머니 남친처럼 툭하면 원미동에 달려갑니다.

그러면, 할머니는 신세 한탄합니다.
그러면, 죽을 맞춰서 증손주 버리고 간 여자
아비 노릇도 하지 않는 손주 놈을 같이 욕하고
그러면, 할머니는 힘을 내서 만둣국도 차려주고
배추김치와 총각김치, 동치미와 나박김치 싸줍니다.

그래서 할머니는 죽지 않고 살아갑니다.
그래서 나는 이 바닥을 차마 못 떠납니다.
엊그제가 원미동 할머니 증손주가 자기 어미에게
버림받은 지 1년이 되었는데 할머니 손에서 자라선지
쑥쑥 잘 컸습니다, 할머니를 엄마라고 부르는 그 아이가.

2022년 3월 28일 편지

엄마 없는 소년에게도 봄이 왔으면

엄마 달아난 집의 그 아이
술 취한 아버지 매질 피해
거리 떠돌다 잡혀간 그 아이

홑이불 덮었는데도 추워요
라면 먹었는데도 배고파요
엄마는 오시나 안 오실 거야

울다 잠들었다 깨어난 밤
견디기 힘든 건 슬픔이 아니라
라면을 또 끓이는 허기진 봄밤

— 아버지, 라면 드세요

멍든 얼굴로 라면 먹는 봄

먹다가 질려서 불어 터진 봄

봄이 왔는데도 엄마는 돌아오지 않았고
봄밤이 깊었는데도 허기는 달래지질 않습니다.
그런데도 봄이 왔다고, 지천에 꽃이 피었다고 춤을 춥니다.
소년은 봄보다, 꽃보다, 엄마가 어서 돌아왔으면 좋겠습니다.
아빠가 술을 그만 마시고 일하러 가서 돈 벌었으면 좋겠습니다.
소년에게도 봄이 왔으면 좋겠습니다.
소년의 얼굴에도 꽃이 피면 좋겠습니다.

_ 졸시, 〈봄밤〉

2022년 4월 26일 편지

솜이가 초등학교에 입학합니다

보육원 출신 숙희(27세) 큰딸인 솜이가 초등학교에 입학합니다. 쌀과 생필품, 기저귀와 분유마저 떨어져 애태우던 안타까운 시절이 엊그제 같은데. 그새 솜이가 자라서 초등학생이 된다고 하니 미혼모 숙희와 함께한 6년의 세월이 떠오릅니다. 보육원 출신인 솜이의 엄마, 아빠는 솜이 돌잔치에 초대할 할머니, 할아버지가 없어서 우리 부부가 할머니, 할아버지가 되어 솜이 첫 생일을 축하했고, 명절에도 찾아갈 친정이 없는 솜이 식구를 매년 설과 추석에 불러 함께 명절을 쇠었고, 어린이날엔 함께 롯데월드에 갔습니다.

쌀과 분유가 떨어질 만큼 가난해도, 힘들고 괴로운 삶이라도 서로 사랑하고 불쌍히 여기며 살면 좋은 날이 올 것이라고, 그러다 보면 슬픔이 지나갈 것이라고 그토록 부탁했는데, 철없는 솜이 아빠는 솜이 동생 준이가 돌이 되기도 전에 떠났습니다. 자기도 부모에게 버림받았으면서….

남편이 떠난 뒤에 숙희와 아이들은 아팠습니다. 하늘이 무너진 것보다 더 슬펐습니다. 그런데도 숙희는 아이들을 버리지 않았고,

아이들은 슬픔과 아픔 속에서도 잘 자랐습니다.

"큰엄마 큰아빠 덕분에 저희 애들 부족함 없이 잘 키울 수 있었어요! 항상 감사드리고 2021년에는 더 열심히 행복하게 살아볼게요!! 큰엄마 큰아빠 올해 건강하시고 행복하세요.♡"

숙희가 카톡으로 새해 인사를 보내왔습니다. 혼자 몸으로 두 아이를 키우는 일이 얼마나 힘들까요. 숙희가 너무나 고맙고 짠해서 하늘의 복을 빌어주었습니다.

"숙희야, 잘 지내고 있는 것 같아서 고맙다. 숙희가 착해서 하늘도 도와주실 것이니 어떤 어려움이 닥쳐도 아이들을 꼭 지키는 엄마가 되길 부탁한다. 열심히 살다 보면 좋은 날이 올 것이다. 숙희가 행복하게 사는 것을 보는 것이 우리의 소망이다. 새해 복 많이 받고 행복한 날이 많기를 빈다."

인간이기를 포기한 자들이 아이들을 버리고, 버려진 아이들은 굶어 죽고, 맞아 죽고, 물고문에 죽었다는 끔찍하고 참혹한 뉴스에 가슴이 찢어질 것 같은 세상에서 두 아이를 지키면서 꿋꿋하게 살아가는 숙희가 고맙습니다.

숙희는 후원자 여러분의 도움으로 보육 교사가 됐습니다. 여러분의 응원에 힘입어서 두 아이를 잘 키우고 있습니다. 슬픔과 아픔이 없지는 않겠지만 쓰러지지는 않을 것입니다. 쓰러진다고 해도 일어날 것입니다. 달려가 일으키겠습니다.

후원자 여러분에게 작은 선물을 보냈습니다. 저희가 보낼 수 있는 선물은 비싸지도 화려하지도 못합니다. 후원자 여러분이 보내주신 사랑에 비할 바가 아니어서 부끄럽습니다. 그런데도 여러분의 사랑으로 인해 숙희가 두 아이를 잘 키우고 있으며, 솜이가 초등학교에 입학하게 됐다는 기쁜 소식을 전할 수 있어서 감사합니다.

세상의 뉴스들은 기쁜 소식보다는 끔찍하고 안타까운 사건들을 새로운 소식이라면서 전해 줄 것입니다. 그러므로 '소년희망편지'는 가슴 아프지만 따뜻한 이야기를 부치겠습니다. 절망 속에서 뒹구는 한 톨의 희망 이야기를 전하겠습니다. 추운 세상을 따뜻하게 하는 봄볕 같은 이웃의 삶을 나누겠습니다.

여러분이여, 샬롬! 히브리어 '샬롬'은 평화, 평안을 뜻합니다. 그러므로 평화와 평안하시기를 빕니다.

2021년 2월 24일 편지

미혼모가 아기를 버렸습니다

이 세상에서
자식을 버리고 싶어서
버리는 어미가 과연 있을까요?
그런 어미는 세상에 없다고 믿었습니다.

굴뚝 같은 믿음을 가졌던 것은
나의 어머니가 어린 내 곁을 떠났던 것은
힘겨운 가난과 아버지와의 오랜 불화 때문이었습니다.
새벽에 떠나면서 "엄마가 돈 벌어서 데리러 올게"라고
약속한 대로 버려진 자식들을 거두어주셨기 때문입니다.
그래서 굴뚝 같은 믿음을 가졌었는데 이제, 그런 믿음을
버리려고 합니다. 견딜 수 없는 슬픔으로 버리려 합니다.

미혼모 아기가
어미에게 버림받았습니다.

그런데 버림받은 날이
하필이면 아기의 첫 생일
즉, 돌이 되기 하루 전입니다.

아기가 운 이유는
버림받아서가 아니라
배가 고파서 운 것입니다.

그 아기는 엄마의 손길보다는
일흔 넘은 할머니의 손길에서 자랐기에
엄마를 찾지 않고 먹을 것을 찾았습니다.

버림받은 아기의
울음소리는 너무 아픕니다.
그 울음이 아파서 같이 울었습니다.

그 미혼모가
아기를 버린 것은
다른 남자가 생겼기 때문입니다.

아기의 생부인 미혼부와의
심각한 갈등으로 가출한 미혼모는
가출 얼마 후 다른 남자와 간음했고

그 남자와 관계가 깊어지면서 아기가
걸림돌이 되자 할머니에게 버린 것입니다.

그래도 그 미혼모가 고맙습니다.
전 남자와 헤어진 뒤 새로 만난 남자와 사이에서
아기가 생기면서 전 남자와의 사이에서 태어난
아기를 버려서 굶어 죽게 했던, 인간이기를 포기한
잔인한 미혼모에 비하면 그래도 생부의 할머니에게
버렸으니 고맙습니다. 화가 나서 미칠 것만 같습니다.

단장지애(斷腸之哀), 창자가 끊어질 듯한 슬픔이라는 뜻을 가진
고사성어입니다. 주로 자식을 잃은 부모의 참혹한 슬픔을 표현할
때 사용됩니다. 이 고사성어는 후한(後漢)말부터 동진(東晉)까지 약
200년간 실존했던 명사들의 일화를 담은 이야기 모음집『세설신어』
(世說新語) 중「출면(黜免)편」에 수록돼 있는데, 이 고사성어가 생긴 사연
은 아래와 같습니다.

진나라 장수 환온이 촉나라와의 전쟁을 위해 양자강을 거슬러 올라
갈 때, 한 병사가 강변에 있던 새끼 원숭이를 잡았습니다. 그러자
새끼를 잃은 어미 원숭이가 새끼를 납치한 그 함선을 100리가량 쫓
다가 함선이 가까워지자 새끼가 실려 있는 그 함선에 뛰어들기 위해
몸을 날렸는데 배에 닿지 못하고 죽고 말았습니다. 그러자 한 병사가
죽은 어미 원숭이의 배를 갈랐더니 창자의 마디마디가 끊어져 있었

던 것입니다. 이에 환온은 새끼 원숭이를 잡는 바람에 어미 원숭이의 참혹한 죽음을 야기한 병사를 매질하고 쫓아냈습니다.

세계적인 식물유전 육종학자로, 아프리카 사람들의 주식인 카사바를 병충해에 강한 품종으로 개량하는 데 성공하면서 기근에 시달리는 아프리카 사람들의 생명을 구하고 농업 발전에 크게 기여한 한상기(88세) 박사님은 자식을 아무렇지 않게 버린 미혼모 사건에 대해 이렇게 비통해하셨습니다.

"참으로 비참한 일입니다. 동물이 자식을 사랑하는 것을 우두커니 바라보고 있을라치면 인간이라는 사실이 부끄럽습니다."

분유가 도착했습니다. 엄마에게 버림받은 아기에게 먹일 분유입니다. 아기가 배가 고파서 운다는 소식을 페이스북을 통해 알렸더니 한 아기 아빠가 가슴이 아프다면서 보내준 눈물겨운 분유입니다. 모성애도 도덕성도 헌신처럼 집어 던진 미혼모는 미쳐서 날뛰겠지만 아기는 살 것입니다. 내 새끼를 버릴 수 없다며 끌어안은 할머니가 늙고 병든 몸으로 아기를 거두었으니 살 것입니다.

"아기를 버리고 간 그날 밤, 하도 기가 막혀서 아기와 함께 죽을까도 생각했는데 도저히 그럴 수 없어서 아기를 부둥켜안고 울었습니다. 죄 없는 생명을 끊을 수 없었습니다."

애끊는 원미동 할머니가 눈물을 훔치며 이렇게 말했습니다. 손주가 네 살 되던 해에 며느리였던 여자가 손주를 버리고 떠나면서 애끊는 눈물로 아기를 키웠던 원미동 할머니는 대를 이어 버림받은 증손주를 키우는 데까지는 키우겠다고 눈물 훔치며 말했습니다.

"저 어린 것을 어떻게 보육원에 보냈겠습니까."

세상은 혼자가 아니므로 할머니 혼자 알아서 하라고 할 순 없습니다. 원미동 할머니와 함께 아기를 키우겠습니다. 할머니와 아기를 위해 기도해 주시길 부탁드립니다.

2021년 3월 10일 편지

고아 청년의 가족사진

현우(24세) 엄마는 어릴 적에 떠났고 유일한 핏줄이자 보호자인 아빠마저 병으로 세상을 떠나면서 현우는 대여섯 살쯤 보육원에 맡겨졌습니다. 그리고 열여덟이 되던 6년 전에 법적 보호가 종료되면서 보육원을 나와야 했습니다. 열여덟에 과연 자립할 수 있을까요? 현우는 낯설고 무서운 세상을 이리저리 떠돌며 방황하다 또래 여자를 만났습니다. 그리고 자신을 빼닮은 예쁜 딸 미연이(2세)를 낳았습니다. 외롭고 힘들었던 만큼 행복하게 살고 싶었습니다. 그런데 여자가 떠났습니다.

현우는 항구도시에서 살고 있습니다. 수중 용접사가 꿈인 현우는 기술을 배우기 위해 낯선 도시로 떠났지만 아직은 취업하지 못했습니다. 고아 출신이 혼자 힘으로 자신이 원하는 곳에 취업하기란 쉬운 일이 아닙니다. 실업 청년 현우에겐 두 살배기 딸 미연이 말고는 아무도 없습니다. 가족만 없는 것이 아니라 살 집도 없고, 살림 도구도 없습니다. 지금은 후배 집에서 잠시 얹혀살고 있습니다. 현우는 아무것도 가진 것이 없지만 딸만큼은 꼭 지키고 싶습니다. 절대 헤어지고 싶지 않습니다. 하지만 사랑하는 딸과 헤어질 것만 같아서 불안하고 두렵습니다.

현우는 추석에 오갈 곳이 없습니다. 그래서 우리 집으로 오라고 했습니다. 혼자 있으면 별별 생각이 들어 위험할 수 있기에 우리 집에서 추석을 같이 지내자며 여비를 보내주었습니다.

보육원 출신 미혼모 숙희는 "명절이 돼도 갈 데가 없어요. 그래서 더 외로워요. 큰엄마(제 아내를 이렇게 부릅니다) 집에서 명절을 지낼 수 없을까요?"라고 부탁했고 아내는 그러자고 했습니다. 그래서 숙희는 명절이 되면 친정 나들이하듯 우리 집에 와서 명절을 쉈습니다. 그리고 숙희의 두 아기 돌잔치를 해주었고, 둘째 준이가 폐렴에 걸렸을 때는 한걸음에 달려가 병원비를 대는 등 뒷바라지를 했습니다. 그랬더니 숙희는 두 아이를 버리지도 않았고, 나쁜 길로 가지도 않았습니다. 현우에게 숙희 이야기를 들려준 것은 미연이를 같이 키우자는 뜻이었습니다.

추석 연휴 기간에 돌사진을 찍기로 했습니다

미연이는 9월 현재, 생후 670일쯤이니 돌사진 찍을 시기는 지났습니다. 하지만 미연이가 커서 "왜 나는 돌사진이 없어?"라고 물으면 서러울 것 같아서 돌사진을 찍기로 했습니다. 노점상이었던 나의 부모님은 그 어려운 형편에도 우리 삼 형제 돌사진을 찍어주셨습니다. 그래서 돌사진 전문 스튜디오에서 미연이 돌사진 겸 가족사진을 찍기로 했습니다. 원래 추석 연휴에는 사진관도 쉽니다. 하지만 현우네 사정을 설명하면서 부탁했습니다. 항구도시에 살고 있어서 상경하기가 쉽지 않으니 추석에 사진관을 열어달라고 부탁했습니다. 현우네 사정을 귀띔했더니 흔쾌히 들어주셨습니다.

미연이가 행복했으면 좋겠습니다. 엄마가 없어도 행복했으면 좋겠습니다. 이 세상에서 가족이라곤 아빠밖에 없지만, 스물넷 고아인 아빠가 헤쳐가야 할 세상 또한 막막하지만 아무리 힘들어도 헤어지지 말고 꼭 같이 살았으면 좋겠습니다.

스물넷, 고아 출신 아빠 현우의 카카오톡 프로필엔 노을이 지는 바닷가에서 외로이 서 있는 미연이 사진 그리고 아빠 등에 업힌 딸이 아빠에게 "괜찮아 아빠?"라고 묻자 눈이 큰 아빠가 "아빠는 괜찮아!"라고 대답하는 그림 한 컷과 함께 어린 딸의 손을 잡고 걸어가는 그림이 슬프게 담겨 있어서 행복한 사진으로 교체하기로 했습니다.

"돌사진 촬영, 늦었지만 괜찮아! 미연이가 행복했으면 정말 좋겠어!"

미연이 돌사진 겸 가족사진 타이틀입니다. 돌사진 촬영이 늦었으면 어떻습니까. 엄마가 없으면 어떻습니까. 늦으면 늦은 대로 괜찮고, 표정이 슬프면 기쁜 표정으로 포토샵 처리하면 됩니다. 저도 아프리카에서 태어난 첫 손녀, 코로나 팬데믹으로 귀국하지 못했던 첫 손녀의 늦은 돌사진 겸 가족사진을 이 스튜디오에서 찍었는데 얼마나 포토샵 처리했는지 제 얼굴이 10년이나 젊은 훈남으로 바뀌었습니다. 그렇게 해서 슬픈 현우의 프로필 사진을 행복한 사진으로 교체해 주고 싶습니다. 현우의 슬픈 인생이 행복한 인생으로 바뀌게 해달라고 빌어 주고 싶습니다.

이대로 외면하면 현우는 유일한 가족인 딸과도 헤어질지도 모릅니다. 사랑하는 딸 미연이가 아빠처럼 보육원에 맡겨져 피눈물을 흘릴지도 모릅니다. 그래선 안 되지 않습니까.

그래서 부탁드립니다! 저희 부부의 힘만으로는 현우와 미연이를 지켜주기 어렵습니다. 저희 부부의 사랑은 너무 작고 보잘것없어서 미혼부와 아기의 상처를 제대로 씻어주기 어렵습니다. 그래서 현우와 미연이를 함께 지켜달라고 부탁드리는 것입니다. 그래서 이들 부녀의 얼굴에 깃든 슬픔과 불행을 지워달라는 것입니다. 그래서 보름달 밝은 한가위에 이런 기도를 드리고 싶은 것입니다.

하나님 아버지! 고아 청년 현우의 예쁜 딸 미연이가 행복했으면 좋겠습니다. 엄마에게 버림받은 아기들도 행복했으면 좋겠습니다. 버려지고 버리는 불행의 대물림을 그쳤으면 좋겠습니다. 그래서 천지신명이 아닌 하나님 아버지께 빌고 비나니 할 수 있거든 우리가 고아 청년 현우와 엄마에게 버림받은 미연이를 지키게 하소서! 나만 행복하면 그만이라는 죄를 그만 짓게 하소서! 현우와 미연이에게 행복해도 괜찮다는 말을 하게 하소서! 행복을 나누며 진심으로 사랑하게 하소서. 하나님 아버지! 미연이 돌사진 겸 가족사진 촬영 늦었지만 괜찮겠지요? 정말 괜찮겠지요? 엄마도 없고, 할머니와 할아버지, 이모와 삼촌도 없어서 어린 아빠와 어린 딸 단둘이서 찍을 수밖에 없지만 괜찮겠지요? 이번 돌사진은 약간은 쓸쓸하고 외롭겠지만 언젠가 우리가 모여서 할머니 할아버지가 되고, 이모 삼촌으로 하늘 아래 한 가족이 되어서 행복을 빌어주는 한 가족사진을 찍었으면 좋겠습니다. 그러면 좋겠습니다.

그러므로 이번 사진 촬영에선 주의 천사들이 빈자리를 채워주소서! 할머니 할아버지 이모와 삼촌이 되소서! 주의 품으로 엄마 잃은 아기를 안아주소서! 고아처럼 울며 방황하는 미혼부를 위로하소서! 그리하여 우리의 죄를 용서하소서!

우리가 하늘 아래서 이토록 외로움으로 떠는 것은 외로운 이웃이 내민 쓸쓸한 손을 맞잡지 않은 까닭이요, 슬픈 이웃이 흘린 눈물을 보고도 나만 행복하면 그뿐이라는 각자도생(各自圖生)의 죄를 짓기 때문이요, 욕망의 탑을 쌓기 때문이요, 이 세상에 태어나서 한 번도 행복한 적 없이 아동학대와 버려짐으로 죽어간 아이들의 비극적인 뉴스를 보고도 잠깐 분노하고 잊어버리는 죄를 짓기 때문임을 우리가 아노니 우리의 죄를 용서하고 용서하소서. 부디 우리가 지은 죄를 깨닫게 하소서!

2021년 9월 15일 편지

버림받은 아기의 첫 생일

이 세상천지에 그 어떤 꽃이
버림받고 짓밟히려고 피었겠느냐
하찮은 미물이거나 길에 뒹구는 돌멩일지라도
함부로 버려지거나 발로 차이면 아파서 우는데

천하보다 귀한 생명인
아가야, 꽃피는 삼월에 태어난 너는
너를 낳아준 미혼모 엄마에게 버림받았다.
버림받은 날이 하필이면 생후 첫 생일 전날
축복의 날이어야 할 돌이 되기 하루 전이었다.

인간이 어떻게 그럴 수 있을까?
여자가 아니라 엄마인데 어떻게
어떻게 제 배로 낳은 생명을 버릴 수 있을까?
어떻게 첫 생일도 챙겨주지 않고 버릴 수 있을까?

자식 버린 죄를 어떻게 감당하려고
아이 눈에서 피눈물 흘리게 할까.
짐승도 제 새끼는 함부로 버리지 않는데
어떻게 사람이 그럴 수 있을까?
엄마에게 버림받은 그날, 너는 서럽게도 울었다.
배가 고파서 울었을까?
버림받은 사실을 알았던 것일까?
불안에 떨며 우는 너의 모습이 가슴 아파
안아주려고 두 팔 벌렸으나
겁에 질린 너는 두려움에 떨며 슬피 울 뿐이었다.

원미동 할머니의 눈물

아가야, 버림받은 아가야
만일 증조할머니인 원미동 할머니가
너를 거두지 않았다면 너는 어떻게 됐을까.
아아, 생각만 해도 가슴이 아프다. 그래서 너는
병들고 늙은 원미동 할머니 품을 엄마 품으로 여기며 안기지.
마른 젖가슴밖에 남지 않은 늙은 여인, 할머니 엄마 가슴을 파고
들지.

늙고 병든 원미동 할머니 가슴은 텅 빈 가슴
속 썩이는 자식들 때문에 썩어 문드러진 가슴

아들 며느리가 버리고 간 손주를 키우다 멍든 가슴
손주 며느리가 버리고 간 증손주인 너를 어찌 키울까?
한 많은 이 세상을 인제 그만 하직할까? 말까? 불면의 밤을
지새우며 무너진 가슴을 치고 또 치며 얼마나 울고 울었던가.

원미동 할머니는 코로나 백신 1차 예방 접종 부작용으로
응급실에 실려 가면서 이러다 죽는 것은 아닐까? 라는 생각에
눈앞이 캄캄했는데 그것은 죽음에 대한 두려움 때문이 아니었다.
내가 죽으면 어미에게 버림받은 저 불쌍한 것을 누가 거두어줄까?
라는 생각에 눈물이 앞을 가렸다.
그러면서 '만일 이 늙은이가 죽으면
윤호가 이 할미를 기억할까?'라는 생각에 살아서 응급실을 나가면
가족사진을 찍어야겠다는 생각을 했으나 형편이 어려워 행하질
못했단다.

늦었지만 첫 생일 축하해!

윤호야, 나는 그날 마음속으로 기약했다.
버림받은 상처로 서럽게 우는 너를 안아주지 못한 나는
너의 눈물을 모른 척하지 않으리라, 그 아픔을 씻어주기 위해
돌잔치도 하지 못하고 버림받은 너를 위해 돌잔치를 해 주리라.

그런데 코로나 때문에 차일피일 미루었다.

사는 것은 늘 바쁘고, 눈물일지라도 돌아서면
잊히어지기 마련이어서 가슴 한쪽이 시렸었는데
원미동 할머니의 건강이 더 나빠졌다는 소식을 듣고
더 미루어선 안 되겠다는 생각에 돌잔치를 준비하기로 했다.

너의 늙은 엄마, 원미동 할머니 집에 가서 나는 알았다.
여름이 다가오고 있지만 윤호에겐 여름옷이 없다는 것을
여름 내의도 없고, 사줄 누구도 없고, 있는 것은 헌 신발뿐.
늙고 병든 원미동 할머니는 증손주를 버리지 않았지만
필요한 것을 마음껏 사줄 수 없어서
있는 것이라고는 가난뿐이어서 가난을 원할 뿐.

그래서 돌잔치를 핑계로 여름옷을 사주기로 했다.
그래서 돌잔치를 핑계로 내의와 신발을 사주기로 했다.
'소년희망공장'에서 돌 떡과 음식과 첫 생일 케이크를 준비하기
로 했다.
자식과 손주와 증손주에게 마른 젖가슴까지 내어준 짠한 원미동
할머니!
그 할머니에게 꽃처럼 예쁜 옷을 한 벌 선물하기로 했다.
윤호를 돌봐준 가난한 원미동 골목길 동네 할머니들에게 감사의
선물을 드리기로 했다.
무엇보다 원미동 할머니에게 영정 사진이 아닌 가족사진을 찍어
드리기로 했다.

아가야, 버림받은 아가야!
윤호야, 엄마 없는 윤호야!
미혼모인 엄마는 너를 버리고 떠났지만
늙은 엄마인 원미동 할머니는 너를 버리지 않을 것이다.
그래서 우리는 다짐한다.
원미동 할머니가 너를 키우다 쓰러지지 않도록
나는 너의 할아버지가 되어 함께 웃고 울 것이다.
설마 나 혼자뿐이겠느냐.

세상에는 자기 욕심만 채우는 사람, 나만 행복하면 그뿐이라며 이웃의 아픔을 외면하는 사람, 자기 욕망에 미쳐 자식을 버리는 짐승만도 못한 사람, 제 잇속을 챙기기 위해 가난한 사람들을 피눈물 흘리게 하는 사람을 비롯한 나쁜 사람들이 적지 않지만, 버려진 생명을 품어주는 좋은 사람들도 많단다. 엄마에게 버림받은 너에게 큰엄마와 큰아빠가 돼주고, 할머니와 할아버지가 돼주고, 이모와 삼촌이 되어줄 따뜻한 사람들이 있다는 것을 믿어 의심치 않으면서 너에게 편지를 쓴다.

아가야, 버림받은 아가야!
서러운 첫 생일은 지나갔으므로
그날 돌잔치에서 우리 이렇게 외치자.

윤호야, 늦었지만 생일 축하해!

하늘이 너를 축복하고 축복하노라!

2021년 6월 9일 편지

※추신

윤호는 15개월 된 남아입니다. 윤호의 어린 부모는 아기를 낳았을 뿐 자녀 양육을 책임지려는 의지가 없습니다. 그래서 증조할머니인 원미동 할머니 품에서 자랍니다. 그래서 부탁드리는 것입니다. 윤호의 영적 엄마 아빠가 되어 중보기도 해 주시길 부탁드립니다. 버려진 아픔과 슬픔은 거두어가시는 하늘 아버지가 상처받은 윤호를 안아주시면서 위로하고 축복해달라고 기도해 주신다면 외로움과 두려움에 시달리는 원미동 할머니와 윤호가 삶의 용기를 얻을 것입니다. 할머니의 신세 한탄처럼 조상 묫자리를 잘못 써서 운명이 기구한 것이 아니라는 것을 알려드리고 싶습니다. 원미동 할머니와 윤호에게 아픔과 상처를 씻어줄 곳은 땅이 아니라 하늘이라는 것을 알려주시기를 부탁드립니다.

버림받은 아가, 좋은 이웃을 기억해다오

    미혼모 엄마에게 버림받은 아기 윤호의 돌사진을 지난 20일 부천의 돌사진 전문 사진관에서 찍었습니다. 사진 촬영을 앞두고 걱정했던 것은 버림받은 상처로 인한 불안감과 두려움으로 울음을 터트리는 윤호가 촬영을 잘할 수 있을까 했는데 그것은 기우에 지나쳤습니다.

    윤호 또한 사랑받기 위해 태어난 아기였습니다. 늦은 돌잔치를 축하하기 위해 여러 사람이 선물을 주었습니다. 진심으로 축하하고 축복을 빌어주면서 사랑의 가슴으로 안아주었더니 윤호는 언제 아팠냐는 듯이 활짝 웃으면서 안아주는 이들에게 안겼습니다. 분리 불안에 떨던 윤호는 어디로 가고, 두려움에 질려 울던 윤호는 어디로 가고 카메라 앞에 선 윤호는 귀공자로 변신했습니다. 행복한 왕자처럼 의젓한 포즈를 취했습니다. 돌사진 전문가들의 연출 솜씨 때문인지 아니면 돌사진 촬영이 재밌어서 그런지 윤호는 촬영 내내 까르르까르르 웃었습니다.

    공장에 다니는 윤호 아빠(21세)도, 엄마의 빈자리를 채운 원미동 할머니도 윤호의 행복한 모습에 모처럼 웃음 지었습니다. 이들의 행복한 모습에 우리 부부도 행복했습니다. 가난하지만 가난하지 않은 원미동 할머니들께 감사드립니다! 지난 6월 17일 윤호 돌잔치를 원미동 할머니네 집에서 했습니다. 코로나 때문에 여러분을 초대하지 못하고 윤호를 돌봐주시는 동네 할머니 몇 분 모셨습니다. 어게인의 임진성 이사장님은 윤호 돌옷과 신발, 할머니 옷을 선물하셨습니다. 후원자 몇몇 분은 돌옷을 선물로 보내 주셨습니다. 돌 떡과 음식 등은 '소년희망공장'에서 준비했습니다. CGNTV 촬영감독과 박 피디는 장난감을 선물했습니다.

윤호는 자신의 첫 생일 하루 전인 지난 3월 2일 미혼모 엄마에게 버림받았습니다. 손주에 이어 증손주까지 떠안은 원미동 할머니는 기구한 팔자를 한탄하며 눈물로 밤을 지새웠습니다. 증손주를 데리고 한 많은 생을 마칠 생각까지 했던 원미동 할머니를 달래준 이들은 이웃이었습니다. 원미동 할머니 동네는 가난하지만 따뜻한 동네입니다. 젊은이들은 거의 다 떠나고 수십 년을 함께 살아온 노인들만 남았습니다. 슬픔은 나누면 줄어들고, 기쁨은 나누면 배가 된다는 말처럼 한동네에 살면서 슬픔과 기쁨을 나누는 좋은 이웃들로 인해 할머니의 슬픔이 줄었습니다.

원미동 할머니를 위로해 주신 할머니들, 버림받은 윤호를 돌봐 주시는 동네 할머니들, 슬픈 이웃에게 정을 나누어 주신, 가난하지만 가난하지 않은 원미동 할머니들이 감사해서 작은 선물을 나누어 드렸습니다. 건강하고 행복하시길 빕니다.

버림받은 아기를 위한 기도

윤호야, 세월이 흐르면
너를 키워준 늙은 엄마
원미동 할머니는 안 계실지도 모른다.

그때쯤이면 너는 너를 버린
미혼모 엄마를 미워할지도 모르겠다.
아빠를 원망하며 괴로워할지도 모르겠다.
그 상처로 인해 이 세상과 싸울지도 모르겠다.
그런데, 윤호야! 세상에는 자식을 버리는 나쁜 엄마도 있지만
버려진 생명을 돌보는 좋은 이웃도 있었다는 것을 기억했으면
좋겠다.

첫 생일 3개월쯤 지나서
돌사진을 찍은 윤호야, 어른이 되어
너의 돌사진을 본다면, 엄마 없는 돌사진을 본다면
슬픔 속에서도 행복한 웃음을 지은 너의 모습을 본다면
사랑받기 위해 태어났으나 사랑을 다 받지 못한 너의 아픔에 괴
로워하기보다
슬픈 너를 위해 안타까이 기도했던 이웃들, 너를 사랑했던 사람
들을 기억하며
버려진 아픔이 대물림되지 않도록 굳세게 더욱 굳세게 살아가기

를 간절히 빈다.

윤호아, 사랑하는 아가야
너의 엄마는 너를 버렸지만
하늘에 계신 우리들의 아버지
하나님은 너를 버리지 않으실 거야.

버려진 자보다 더 먼저 버려진 주님!
버려짐의 아픔을 더 먼저 겪으신 주님!
아픈 자보다 더 아파하며 눈물 흘리는 주님!
주님께서 버려진 아기들을 보살펴주시길 빌고 비노니
버림받은 이들로 하여금 버린 자들을 위로하게 하소서!
버림받음으로 한 번 죽고, 가슴 속에 쌓은 미움과 원망,
분노와 증오로 두 번 죽게 만드는 이 사슬을 끊게 하소서!
버림받은 인생의 저주를 용서와 사랑으로 잘 씻게 하소서!

주여, 버림받은 주여!

2021년 6월 30일 편지

반지하 은주가 떠났습니다

"뼈를 갈아 넣으시네요."

'소년희망공장'을 살리기 위해 온몸을 던지며 일하는 우리 부부를 지켜본 지인들이 건강을 우려하며 하신 말씀입니다.

뼈가 부러질 정도로 일해서는 코로나19를 헤쳐나갈 수 없어서 공휴일에도, 토요일에도 일했습니다. 새벽부터 늦은 밤까지 일하고 또 일했습니다. 어제(13일)는 귀가할 기운조차 없어서 사무실 간이침대에서 침낭을 덮고 잤습니다. 지친 몸으로 귀갓길 운전을 하다 두 번이나 교통사고 난 적 있어서 너무 힘들면 귀가를 포기합니다.

그래서 한동안 '소년희망편지'를 쓰지 못했습니다. 몸과 맘이 지쳐서 쓰러져 잠들었습니다. 그러함에도 감사한 것은 온몸이 부서질 정도로 일을 해도 폐업하는 자영업자들이 부지기수인데 '소년희망공장'은 살아났다는 것입니다. 그냥 겨우 살아난 것이 아니라 5호점까지 늘리면서 위기 청소년들에게 일자리와 희망을 주고 있습니다.

그런데 오랜만에 소식을 전하면서 안타까운 소식을 전하게 되어 죄송합니다. 반지하 단칸방에 살았던 미혼모 은주가 혼자 키우던 아기 주훈이를 버리고 떠났습니다. 은주의 아기 주훈이는 아빠처럼 자기를 낳아준 엄마에게 버림받았습니다. 주훈이는 두 번째 생일을 한 달 앞두고 버림받았고, 병호는 아들 주훈이보다 더 어릴 적에 버림받았습니다. 버려짐의 대물림, 이 대물림을 어떻게 해야 끊을 수 있을까요.

그래서 주훈이에겐 친할머니가 없습니다. 증조할머니가 주훈이를 돌보고 있습니다. 그런데 문제는 증조할머니가 암 투병 중이라는 것입니다. 은주 남편 병호는 현재 구치소에 수감된 상태입니다. 1심에서 1년 6개월 형을 받고 항소했는데 피해자와의 합의 실패 등으로 감형이 어려운 상황입니다. 어게인은 변호사 무료 선임 등으로 병호를 돕고 있습니다. 은주가 떠났지만 나쁜 여자라고, 자식을 버린 짐승만도 못한 여자라고 마구 욕하면서 돌을 던질 수만은 없습니다.

지난 2년간 은주의 삶을 지켜봤는데 아기를 키우기 위해, 가정을 지키기 위해 무진 애를 쓴 것을 알기 때문입니다. 철없는 남편은 꺼내 달라 난리고, 생계를 책임진 은주는 유산한 몸으로 편의점 아르바이트를 하면서 합의서를 받기 위해 피해자 측에 온갖 수모를 당하면서 사정해야 했고, 게다가 발달 장애를 앓는 주훈이를 치료하느라 병원 다니고, 어린이집에 맡겼다 데려오느라 쓰러질 지경이었습니다.

얼마나 지치고 힘들었을까. 얼마나 막막하고 괴로웠을까. 은주를 생각하면 짠하고 안쓰럽습니다. 엄마를 찾고 있을 주훈이를 생각하면 가슴이 미어집니다. 어게인의 따뜻한 이웃들이 은주네를 돕기 위해 무진 애를 썼습니다. 그런데 가정은 깨졌고 아기는 버려졌습니다. 은주뿐이 아닙니다. 저희도 지치고 지칩니다. 밑 빠진 독에 물 붓는 사역이 이럴 때는 괴롭습니다.

절망과 낙담의 날들

알코올 중독에 걸린 40대 미혼모 현주는 치료와 재활을 약속했지만, 약속을 수시로 깨면서 술독에 또 빠졌습니다. 현주 혼자서 키운 아들(17세)은 알코올 중독자가 돼 엉망이 된 엄마를 보다못해 폭행하고, 현주는 살려달라 하고…. 이 끔찍한 악순환을 끊기 위해 정신병원 입원 절차를 밟으면서 홀로 남겨질 아들이 지낼 시설을 확보하기 위해 동분서주하는데 엊그제 또다시 존속폭행 사건이 발생. 112에 신고해야만 했습니다. 낙담하지 않을 수 없습니다. 헛된 수고를 하는 것만 같습니다.

그런데 가정폭력 희생자로 품행 장애와 같은 정신 문제를 가진 동현(19세)이가 어게인의 도움으로 고등학교를 졸업하게 됐습니다. 그뿐만이 아니라 취업까지 했으니 얼마나 감사한지 위로가 됐습니다.

아빠와 계모의 폭력으로 입은 심한 상처가 할머니 등의 가족을 폭행하는 악순환으로 이어지면서 가족과 친지는 물론이고 동현이를 돕던 수많은 이들도 동현이의 반사회적 행동에 지쳐서 끝내 포기하고 말았는데, 끝내 포기하지 아니하고 살렸으니 얼마나 감사하고 기쁜지요. 백 번의 절망과 낙담에도 불구하고 한 번의 희망이면 그래도 족하겠습니다.

그러므로 낙심하며 포기하지 말고 인정이 메마른 땅이 적셔지도록 밑 빠진 독에 물 붓기를 계속해야겠습니다.

2021년 12월 14일 편지

연변 소녀를 어찌할꼬

봄날처럼 따사롭던 지난 16일, 연변에서 온 소녀 영혜(17세)와 뚝배기 삼계탕으로 식사했습니다. 월 25만 원짜리 고시원에 사는 소녀는 먹고 돌아서면 허기지는 고시원 밥으로 끼니를 때워서인지 삼계탕을 맛있게 먹었습니다. 저 또한 18만 원짜리 고시원에 살면서 밥과 김치로 허기를 때운 적이 있습니다. 그 밥에 눈물 흘려봤기에 소녀에게 기름진 밥을 먹이고 싶었습니다.

허기진 삶에서 벗어나긴 했지만, 저의 삶은 가난함 그대로입니다. 가난한 아이들 곁에 살면서 기름진 밥을 먹는 게 불편하기도 하고, 한 푼이라도 아껴야 하는 형편이기에 직접 지은 밥을 냉동실에 쟁여 놓았다가 전자레인지에서 해동, 국과 김치로 혼밥을 하고 점심을 때우면서 지내고 있습니다. 연변 소녀 영혜 덕분에 저도 모처럼 보양식으로 호사를 누렸습니다.

소년희망공장에서 일하는 연변 소녀

연변 소녀 영혜가 '소년희망공장' 1호점(카페)에서 일하게 된 것은 여성 가족부의 지원으로 6개월간 한시적으로 진행한 학교 밖 청소년 취업프로그램 '드림 잡' 때문입니다. 드림 잡에 참여한 영혜는 매월 50시간 정도 일하고 50만 원 정도를 받으면서 '소년희망공장'에서 6개월간 일했습니다. 영혜는 한국에 오기 전에 고향인 연변의 한 카페에서 일한 경험이 있어서인지 다른 학교 밖 청소년보다 일을 잘했습니다.

영혜의 드림 잡 종료 일은 삼계탕을 함께 먹은 11월 16일이었습니다. 영혜와 함께 '소년희망공장'에서 드림 잡을 시작했던 은수(19세)는 프로젝트가 종료되면서 일을 그만두었습니다. 하지만 영혜는 이날도 '소년희망공장'에서 일했습니다. 영혜를 계속 일하도록 한 것은 필요한 일손이기 때문만은 아닙니다.

'소년희망공장'은 코로나로 인해 운영이 어렵기에 영혜를 계속 고용할 여유가 없습니다. 그런데도 그만두라고 하지 못한 것은 영혜가 벼랑 끝에 서 있기 때문입니다. 영혜가 공장을 그만두면 다른 일자리를 구하기 힘든 게 현실입니다. 일하고 싶은 한국의 청소년들도 알바 자리를 찾지 못하는데 연변에서 온 소녀가 어떻게 쉽게 일자리를 찾을 수 있을까요. 아니, 누가 선뜻 연변 소녀를 고용할까요. 영혜는 일자리를 구하지 못하면 고시원에서 쫓겨날 수도 있는 막막한 상황입니다.

영혜는 양육과 돌봄을 제대로 받지 못했습니다. 엄마의 정신 질환이 심각했기 때문입니다. 게다가 2007년 영혜가 4살 되던 해 아빠가 돈을 벌기 위해 한국으로 떠나면서 영혜는 조선족 친할머니 품에서 자랐습니다. 영혜 아빠가 코리안 드림에 성공했다면 영혜의 고통은 조금이나마 줄었을 텐데 돈을 벌기는커녕 도박 중독이라는 몹쓸 병에 걸리고 말았습니다. 열일곱 소녀의 눈에 슬픔과 절망이 가득 찬 것은 이 때문입니다.

영혜의 고향은 연변 조선족 자치주, 윤동주 시인의 고향인 용정과 말없이 흐르는 해란강을 바라보는 일송정 푸른 솔 그리고 독립운동의 전진기지였던 명동촌이 있는 북간도입니다. 윤동주 시인은 별 하나에 추억과 사랑과 쓸쓸함과 동경과 시와 어머니를 부르면서 소학교 때 책상을 같이 했던 친구들의 이름을 불렀지만, 영혜는 불러도 대답 없는 엄마와 아빠 때문에 외로움에 시달려야 했고, 친구들의 놀림과 왕따에 중학교를 그만두고 아빠가 있는 한국에 공부하러 왔습니다.

하지만 몹쓸 병에 걸린 아빠는 삶을 비관하면서 두 번이나 자살을 시도했습니다. 타국이나 다름없는 낯선 땅에 오직 아빠 한 사람을 믿고 찾아왔는데 자살을 시도했으니 연변 소녀의 두려움이 얼마나 컸을지 상상조차 하기 힘듭니다.

연변 소녀를 도와주고 싶습니다

연변 소녀의 꿈은 심리 상담사가 되는 것입니다. 자신처럼 외롭고 힘든 사람들의 고민을 들어주면서 도와주는 일을 하고 싶어서 지난 8월 중학교 검정고시를 봤는데 우수한 성적으로 합격하여 지금은 대입 검정고시를 준비하고 있습니다.

영혜는 자신의 꿈을 이루기 위해 '소년희망공장'에서 주경야독하고 싶어 합니다. '소년희망공장' 또한 영혜의 꿈을 돕고 싶습니다.

하지만 같은 핏줄, 같은 언어를 쓴다고 하더라도 북간도에서 온 영혜에게 대한민국은 엄연한 타국이고, 때문에 아무리 힘들어도 사회복지의 도움을 받을 수 없습니다. 그런데 그 누가 벼랑 끝에 선 연변 소녀의 손을 잡아줄 수 있을까요.

영혜의 비자는 내년 1월에 만료되고, 아빠는 내년 3월에 만료됩니다. 그때가 되면 그들은 연변으로 돌아가야 합니다. 하지만 아빠의 빚 때문에 연변 집은 사라졌고 엄마의 병은 더 깊어졌습니다. 연변 소녀를 어떻게 해서라도 돕고 싶은데, 저 난관을 어떻게 해야할지 마음이 무겁습니다. 죽어가던 소녀의 손을 잡은 예수가 "달리다굼"(소녀야, 일어나라)이라고 속삭였더니 죽어가던 소녀가 잠자다 일어나 살아난 것처럼 연변 소녀에게 "달리다굼, 소녀야 힘내라! 하늘이 도와줄 것이다"라고 확신에 찬 말로 일으켜 세울 수 있다면 이다지도 힘들지 않을 텐데….

바람이 차갑게 부는 연변 소녀의 겨울 하늘에는 두려움과 불안이 가득 차 있습니다.

2020년 11월 18일 편지

※ 추신

연변 소녀 이야기는 '소년희망편지'를 통해 계속 이어집니다. 벼랑 끝에 서 있는 연변 소녀를 위해 기도해 주시길 부탁드립니다.

겨울, 떠돌이 소년에게

엄마에게
버림받은 너는
오갈 곳이 없는 너는

잘 곳이 없고
먹을 곳이 없어
밤거리를 헤맨 너는

옷 좀 없냐고
언 몸을 감싸줄
두툼한 옷 좀 없냐고
지나가는 말로 부탁했다

얻지도 못하면서 외면당할까 봐
주지도 않으면서 망신을 줄까 봐

쪽팔릴까 봐 슬그머니 너는 말했다
따뜻한 집에서 사는 나는
밥걱정 없이 살게 된 나는
패딩과 외투가 몇 벌인 나는

추위와 배고픔을 잊어버린 것처럼
너의 배고픔을 잊어버리고 말았다
서러운 시절을 까마득히 떠나 보낸 내가
너의 추위와 배고픔을 알면 얼마나 알겠느냐

그런 내가 적선처럼 한 말이
겨울을 잘 견디면 봄이 온다고
꽃 피고 새가 우짖는 봄이 온다고
봄이 오면 사랑도 올 거라고 떠들었다

너는 몸 누일 곳조차 없는데
한 끼니 밥이 서러워 우는데
봄을 기다릴 옷이 없어 덜덜 떠는데
나는 모포 한 장도 덮어주지 못하는
그놈의 얼어 죽을 사랑 타령을 했구나

소년아, 미안하다!

성호(20세)의 엄마는 어릴 적에 떠났습니다. 엄마가 떠난 뒤로 성호는 밥 먹는 날보다 굶는 날이 더 많았습니다. 떠돌이 생활을 하는 성호를 4년 전 부천역에서 만났는데 어느덧 스무 살 청년이 됐습니다. 성호는 가끔 아르바이트합니다. 하지만 일솜씨가 서툰 탓에 금방 잘리기 일쑤입니다. 경계성 지능 장애아인 성호는 여전히 굶으며 떠돌고 있습니다. 그런데도 늘 웃습니다. 바보처럼… 바보처럼….

　　"성호가 밤새 추위에 떨었다고 하네요. 당신 옷 중에 두툼한 겨울 옷 좀 주세요."

　　아내가 떠돌이 성호 사정을 전하면서 저의 겨울옷을 부탁했습니다. 그래서 저의 옷 중에 두툼한 패딩을 챙겼습니다. 따뜻하긴 하지만 값비싼 옷은 아닙니다. 마치 먹다 남은 음식을 나눠주는 것 같은 생각이 들었습니다. 저는 말과 글로 나눔과 사랑을 강조했습니다. 하지만 이 겨울에 가장 필요한 것은 껍데기만 화사한 사랑이 아니라 배고픔과 추위를 달래주는 일이란 것을 잊었습니다.

　　처음엔 거리의 아이들을 챙기는 일에 앞장섰는데 요즘은 그러지 않습니다. 저의 사랑과 나눔은 어느 정도 가짜라는 것을 알았습니다. 가난한 아이들에겐 어설픈 사랑보다 옷과 밥이 필요한 것을 모르지 않는데, 이 바닥에 오래 머물면서 아이들의 아픔에 둔감해졌습니다.

　　아이들에게 많이 당해서 그런 것일까요? 아이들의 아픔에 무감각해지고 있는 제가 미워졌습니다. 몸도 마음도 지쳤습니다. '이 바닥을 떠날 때가 됐나?'라는 생각도 들었습니다. 하나님께 용서를

구하기 전에 성호를 비롯한 거리의 아이들에게 사과부터 하는 게
순서란 생각이 듭니다.

성호야, 미안하다!
아이들아, 잘못했다!

2020년 11월 26일 편지

3부

따뜻한
이웃

채송화 수녀님

"연락이 늦었어요! 다솔이(2세) 옷하고 신발, 마스크, 손 세정제 잘 받았어요. 요새 코로나 때문에 너무 힘들고 말도 많고 걱정도 많은데 감사합니다. 코로나 조심하세요."

지난 22일, 두 살 된 다솔이를 혼자 키우는 미혼모 미숙(24세)이가 감사 겸 안부 문자를 보내왔습니다. 미숙이를 생각하면 마음이 따뜻해집니다. 혼자 아기를 낳은 아픔에도 불구하고 다솔이를 어찌나 예쁘게 키우는지 모릅니다. 지난 설에는 커플 옷을 맞춰 입고 저의 집에 왔는데 연인 못지않게 다정해 보였습니다. 다솔이가 잘 자랄 수 있었던 것은 엄마의 지극한 사랑 덕분입니다. 그런데 감사 문자에 이어 보낸 문자에는 코로나 사태로 인한 힘겨움이 담겨 있었습니다.

미숙이는 파트 타임으로 일하면서 다솔이를 키웁니다. 그런데 코로나 때문에 어린이집 휴원이 장기화되면서 다솔이를 돌보느라 일을 하지 못하게 됐고, 수입이 뚝 끊기면서 어려움에 처했습니다. 남편이 있는 가정에서도 한숨 소리가 들리는데 혼자 아이를 키워야 하는 미혼모 가정은 오죽할까요.

미숙이에겐 친정 엄마가 있긴 하지만 도움받을 수 있는 상황이
아닙니다. 중학생 때부터 스스로 살아온, 자존심 강한 미숙이는 쉽
게 손을 벌리는 미혼모가 아닙니다. 그런데 문자로 "어린이집 휴원
때문에 일을 관둬서 걱정이에요. 언제까지 이럴지ㅠㅠ"라면서 "항
상 돈이 문제네요ㅠㅠ"라고 했습니다. 오죽 힘들면 어려움을 호소
했을까요.

그러니까요
그러니까요
그러니까요!

고아처럼 아이를 혼자
키워야 하는 미혼모에겐
언제나 돈이 문제이지요

돈이 떨어지면 쌀이 떨어지고
분유와 기저귀를 살 수 없어요
월세도 전기세도 낼 수 없어요

돈이 없어 막막한 세상
돈 때문에 캄캄한 세상
기댈 이웃이 없는 세상

열 달 품어 낳은 제 새끼를

버리고 싶어 버리는 엄마가

이 세상천지에 어디 있을까요

미혼모도 엄마인데

버려진 아픔을 아는데

찢긴 가슴으로 우는데

_ 졸시, 〈그러니까요〉

숙희의 꿈은 보육교사

일곱 살과 다섯 살짜리 두 아이를 혼자 키우는 숙희도 도움을 청하는 문자를 보내왔습니다. 보육원 출신 미혼모 숙희는 벼랑 끝 인생이었습니다. 숙희는 편의점과 음식점 등지에서 아르바이트했지만 수시로 잘렸습니다. 아이들을 혼자 키워야 하는 미혼모의 사정을 배려해 주는 일자리를 구하기란 좀처럼 쉽지 않습니다. 남편이 있는 가정도 일자리에서 잘리면 어려운데 미혼모는 오죽할까요. 일자리에서 잘리면 돈이 떨어지고, 그다음엔 분유가 떨어지고, 그 그 다음엔 쌀이 떨어지고, 그그그 다음엔 무엇이 떨어질까요.

숙희가 두 아이를 키울 수 있었던 것은 이름도 얼굴도 모르는 후원자들의 도움 때문입니다. 선한 이웃의 도움이 없었다면 숙희네 전기는 끊겼을 것이고, 급성폐렴에 걸린 준이는 병원에 입원하지 못했을 것입니다. 병원에서 퇴원한 준이가 청진기를 잡을 수 있었던 것은 선한 이웃들이 돌잔치를 마련해 주었기 때문입니다.

숙희의 꿈은 보육 교사입니다. 보육 교사를 꿈꾼 것은 안정된 직업이 절박했기 때문입니다. 평생을 아르바이트 일을 하면서 아이를 키울 순 없으니까요. '위기청소년의 좋은친구 어게인' 대표인 아내는 숙희의 꿈을 이루어 주기 위해 특별 기금을 조성하여 2년 동안 지원했고, 숙희는 열심히 공부해서 지난해 보육 교사 자격증을 취득했습니다. 현재는 가정 어린이집에서 보조 교사로 일하면서 경력을 쌓고 있습니다. 올해 봄부터 정교사로 일할 예정이라고 하니 얼마나 기쁜지 모르겠습니다. 지난 설에 저의 집에 온 숙희는 좋은 보육 교사가 되겠다고 했습니다. 그냥 보육 교사가 아니라 엄마 같은 보육 교사가 되겠다고 다짐하면서 어린이집 개원을 손꼽아 기다렸습니다.

숙희에게 옛일은 잊으라고 했습니다. 좋은 보육 교사가 되어 아이들을 사랑하며 살기를 빌어주었습니다. 그런데 돌발 사태가 발생했습니다. 코로나 사태로 어린이집 개원이 늦추어지면서 숙희가 보육 교사로 일하지 못하게 된 것입니다. 게다가 두 아이 양육 때문에 아르바이트 일자리도 구하지 못했습니다. 아내를 큰엄마라고 부르는 숙희는 "큰엄마, 너무 힘들어요. 어떡하면 좋아요ㅠㅠ"라며 도움을 청했습니다. 아내는 두 미혼모에게 긴급 생활비를 지원했습니다. 사람이 물에 빠져 허우적거리는 위기 상황에서 '어떻게 도울까? 무엇으로 도울까? 언제 도울까?' 시시콜콜 따질 순 없었습니다. 미숙이와 숙희에게 긴급 생활비를 지원할 수 있었던 것은 두 미혼모가 쌓아온 신뢰가 크게 작용했습니다.

어게인은 현금 지원에 매우 엄격합니다. 분유와 기저귀 등의 물품은 미혼모가 신뢰를 쌓든 못 쌓든 지원합니다. 반면 현금은 다릅니다. 그것은 위험성 때문입니다. 아이들에게 현금은 독이 든 사과와 같다는 것을 깨달았습니다. 미혼모와 위기 청소년 중에는 돈을 얻어내기 위해 거짓말을 능숙하게 하는 아이들이 적지 않습니다. 긴박한 상황을 연출한 아이들에게 속아 도와주었더니 그 돈으로 나쁜 짓을 하는 것을 경험하면서 현금 지원을 심사숙고하게 됐습니다.

채송화 수녀님은 누구일까?

긴급 생활비를 지원할 수 있었던 것은 채송화 수녀님 덕분입니다. 수녀님이 보내주신 후원금 덕분에 두 미혼모를 도울 수 있었습니다. 서울성모병원에서 의료진으로 일하시는 수녀님은 지난 5년 동안 위기 청소년과 미혼모를 묵묵히 후원하셨습니다. 내 돈이 아닌 것처럼 후원하셨을 뿐 아니라 이름이 드러나는 것을 원치 않으셨습니다. 그래서 채송화 수녀님이라고 부르기로 했습니다.

저는 채송화를 좋아합니다. 엄마 없이 자라던 어린 시절 신정동 오목교 둑방 판자촌 뒤뜰에 핀 채송화를 보면서 외로움을 달랬기 때문입니다. 그냥 채송화를 좋아하는 것이 아니라 엄마 없는 아이를 위로해준 꽃이기 때문에 좋아합니다.

가난한 동생들을 도운 뒤에 수녀가 되셨다는 채송화 수녀님은 그 작은 몸으로 나이팅게일의 사랑을 전합니다. 그리고는 미혼모와 위기 청소년을 돕습니다. 수녀님이 보내주시는 후원금은 그냥 돈이 아니라 생명을 살리는 소중한 돈입니다.

내 돈이

어떤 돈인데

악착같이 붙잡은 돈

슬픈 이웃을 보고서도

외면하는 돈독 오른 돈

그 돈이 고아를 버렸습니다

그 돈이 과부를 울렸습니다

그 돈이 나그네를 떨게 합니다

그러므로 내 돈이

어찌하여 내 돈인가

수고하고 땀 흘렸을지라도

그 돈은 하늘이 잠시 맡긴 돈

하늘의 뜻에 따라 돌려 드려할 돈

그 돈이 고아와 과부와 나그네를 살립니다

그 돈이 병들어 죽어가는 이웃을 살립니다

_ 졸시, 〈돈으로 인하여〉

두 미혼모는 수녀님의 사랑에 힘입어 코로나 위기를 헤쳐나갈 것입니다. 그렇게 큰돈이 아니어서 미혼모의 모든 문제를 해결해줄 순 없지만, 희망의 마중물은 될 것입니다. 미숙아, 숙희야, 우리 함께 이겨내자.

채송화 수녀님께 전화드렸습니다. 감사 인사와 후원 보고를 위해 서울성모병원으로 찾아가려고 했는데 수녀님을 만날 수가 없었습니다. 초유의 코로나 사태로 인해 의료진 수급에 비상이 걸린 대구로 자원봉사 하기 위해 내려가신 것입니다. 수녀님의 가없는 사랑에 마음이 뜨거워졌습니다. 아, 사랑은 한 군데에 머물지 않는구나…. 변종 바이러스들은 인간을 계속 공격하겠지만, 인간애를 무너뜨릴 순 없을 것입니다. 헌신하는 코로나 수호천사들로 인해 우린 희망을 갖습니다.

코로나여, 우리가 승리하리라

코로나 사태가 어떻게 진행될지, 언제쯤 끝날지 알 수 없지만, 분명한 것은 극복될 것이란 믿음입니다. 인류는 흑사병 등의 바이러스 창궐로 참혹한 대가를 지불하면서 전진했습니다. 코로나와의 전쟁에서 의학과 과학의 힘이 큰 역할을 하겠지만 궁극적으로 승리를 견인할 원동력은 위기에 처한 이웃을 위해 자신을 내어준 인간애(人間愛)란 사실을 우리는 또다시 확인할 것입니다.

물론 사재기로 혼란을 가중시키는 이들도 있습니다. 하지만 헌신과 희생으로 인간애를 꽃 피우는 채송화 수녀님과 같은 코로나 수호천사들이 바이러스는 극복의 대상일 뿐이란 믿음을 갖게 합니다. 코로나 사태에서 내가 할 수 있는 일이 겨우 마스크를 양보하는 정도에 불과해서 부끄럽습니다. 하지만 부끄러움을 무릎 쓰고 코로나 천사들에게 졸시를 바칩니다. 틀림없이 봄은 다시 올 것이고, 소중한 아이들은 태어날 것이며, 우리들의 일상은 회복될 것입니다.

코로나여

너는 누구를 위해

왕관을 썼느냐 벗어라

너는 왕이 아니다 벗어라

너는 왔고 또다시 와서

죽음의 공포를 조성하면서

지옥의 땅으로 만들려고 하지만

이웃 간의 벽을 더 쌓게 하면서

서로 미워하고 고립시키려 하지만

너는 결코 우리의 왕이 되진 못하리라

냄새도 없고 실체도 없이

사람이 사람을 전염시키는

극도로 위험하고 불안한 세상에서

나만 살려고 하면 사는 것이 아니요

이웃들과 함께 살아야 끝끝내 사는 것을

우리들은 보았노라, 선한 이웃들로 인해

목숨 건 코로나 천사들의 헌신으로 인해

우리는 끝내 쓰리라

땅에는 승전가를 쓰고

승리의 월계관을 쓰리라

우린 끝끝내 승리하리라

코로나바이러스, 왕이 될 수 없는 병균이여

너는 인류를 파멸시키려고 창궐했지만

우리는 바이러스와의 전쟁 속에서도

서로 사랑하노라, 인간애를 꽃 피우노라

아이들은 태어나고 봄은 또다시 오시리라

_ 졸시, 〈우리가 쓰리라〉

2020년 3월 24일 편지

우는 자와 함께 웁니다

기뻐하는 이들과 함께 기뻐하고 우는 이들과 함께 우십시오(롬 12:15).

"황금연휴 잘 보내셨는지요? 저희는 힘들었지만 보람찬 연휴를 보냈습니다. 미혼모 가정에 선물을 전달해서 좋았습니다."

어게인 대표인 아내는 메이데이(5월 1일)에 위기 청소년의 자립 일터인 '소년희망공장'을 돌렸습니다. 이날 소년희망공장에서 일하는 아이들과 직원에겐 값진 음식을 대접하면서 노동의 수고에 감사드렸습니다. 토요일(5월 2일)에는 집에서 몸살 앓다가 몸을 추슬렀고, 주일(5월 3일)엔 예배를 드린 뒤에 미혼모 아이들의 어린이날 선물꾸러미를 포장하느라 바빴습니다. 월요일(5월 4일)에는 가까운 미혼모 가정을 방문해 선물을 전달하고 멀리 사는 미혼모 가정에는 선물 상자를 발송하느라 힘들었지만 보람찬 연휴를 보냈습니다.

쉴 틈 없이 일하던 아내는 3년 전에 과로로 쓰러졌습니다. 쓰러지면서 뼈를 다치는 바람에 두 달 동안 쉬어야 했던 아내는 깁스를 푼 뒤 굳센 용사처럼 이른 아침부터 밤늦게까지 일합니다.

아내가 어깨 통증을 호소했습니다. 어깨를 만져보니 돌처럼 딱딱했습니다. 소년희망공장 1호점 '컴포즈 커피'(카페)를 운영하랴, 미혼모 자립 일터인 소년희망공장 3호점 '스위트 그린'(샐러드&샌드위치 전문점)을 만들랴, 학교 밖 청소년을 비롯한 위기 청소년 대안 교육 공간이자 문화 스포츠 공간인 '소년희망센터', 코로나로 닫혔던 문을 열 준비하랴, 세 군데 임대 공간의 월세를 밀리지 않으랴, 직원들의 인건비를 채우랴, 떠돌이 아이들의 밥값을 마련하랴… 이 무거운 짐을 진 아내의 어깨는 굳을 수밖에 없습니다. 무거운 십자가를 지고 가는 아내가 대단하기도 하지만 가끔은 짠하기도 합니다. 저러다 쓰러지면 어떻게 하지….

외로운 아이들에게 어린이날 선물을 주었습니다

날아라 새들아 푸른 하늘을
달려라 냇물아 푸른 벌판을
오월은 푸르구나 우리들은 자란다
오늘은 어린이날 우리들 세상

어린이날은 아이들 세상이라고 하는데 아빠와 놀러 갈 수 없는 미혼모 아이들은, 반지하 단칸방에 사는 미혼모 아기들은 날 수도 없고, 달려갈 수도 없고, 노래 부를 수도 없습니다.

이 아이들에게 어떤 선물로 위로하면 좋을까 고민하다 미혼모와 소녀 가장들로 단톡방을 만들어 갖고 싶은 선물을 조사했습니다.

마침 강남 엄마들이 정성껏 모아주신 아기와 아이 용품들이 있었던 데다 부천의 이름 모를 엄마가 부천시의회 박찬희 의원님 편으로 배냇저고리를 비롯한 출산 용품 세트를 손수 만들어 보내 주셨습니다. 이 때문에 올해 어린이날 선물이 풍성해졌습니다. 이 선물들을 미혼모와 아이들에게 주기 위해 황금연휴에도 일했으니 얼마나 기쁘겠습니까!

두 아이를 혼자 키우는 보육원 출신 미혼모 숙희네껜 자녀들을 잘 키운 부천 엄마가 기증해 주신 창작동화 그림책과 함께 강남 엄마들이 주신 예쁜 옷과 신발 등을 어린이날 선물로 주었습니다.

소년원 출신 미혼부 영호에껜 딸 혜은이(2세) 선물로 영아 이불 세트와 강남 엄마들의 선물과 수제 출산 용품을 선물했고, 반지하 단칸방에서 백일 지난 아기를 키우는 미혼모 은주에껜 강남 엄마들이 주신 선물과 함께 부천 엄마의 수제 출산 용품을 선물했습니다.

혼자서 아들을 키우는 미혼모 미숙이네 다솔이(3세)에껜 강남 엄마들이 모아준 선물과 점박이 공룡 모형 세트를 사달라고 해서 사주었습니다. 소녀 가장 현주(21세) 동생 보람이(10세)에게는 보드게임을 갖고 싶다고 해서 사주었고, 오는 8월 출산 예정인 소년원 출신 미혼모 효린(19세)에껜 강남 엄마의 출산 용품과 부천 엄마가 손수 제작 중인 배냇저고리 세트를 선물할 예정입니다.

우는 이와 함께 우는 까닭은?

어린 시절의 저는 어린이날이 싫었습니다.

어린 시절의 저는 어버이날이 싫었습니다.
노점상 아버지는 어린이날에도 일해야 했고
새벽어둠에 떠난 어머니는 소식이 없었습니다.
어린이날에 선물 받은 적이 없어서 싫었습니다.
카네이션을 달아드릴 엄마가 없어서 싫었습니다.

이런 날만 싫었던 것은 아닙니다.
입학식도 싫었고 졸업식도 싫었고
설날과 추석도 성탄절도 싫었던 것은
이런 날이면 더 서러웠기 때문입니다.
수학여행이 싫었고 육성회비 가져오라고
독촉하며 벌을 세우는 학교가 싫었던 것은
가난으로 입어야 했던 수치심 때문이었습니다.
이렇게 서럽고 슬픈 날이면
오목교 둑에서 연을 날렸지만
돈 벌어 오겠다던 엄마는 돌아오지 않았고
끊긴 연은 하늘 멀리 사라지고 말았습니다.

가난한 이웃 곁으로 온 것은,
우는 자들과 함께 우는 것은
가난과 눈물을 알기 때문입니다.
그 아픔이 아직 남았기 때문입니다.

결코, 사랑이 많아서 온 게 아니기에
주의 큰 믿음으로 온 게 아니기 때문에
가난한 아이들을 돕다가 상처를 입습니다.
사나운 미혼모를 돕다가 넘어지기도 합니다.

끊임없이 속이는 아이들
원하는 것을 주지 않으면
뒤통수치고 거짓말하는 미혼모에게
상처 입고 넘어진 날은 끙끙 앓습니다.
어떤 날은 짠하고 어떤 날은 밉습니다.

고아와 과부와 나그네를 어떻게 대접할까?

야단을 맞으며 자라는 아이들은 비난을 배우고
적대적인 분위기에서 자라는 아이들은 싸움을 배우고
두려움 속에서 자라는 아이들은 불안감을 배우고
놀림을 받으며 자라는 아이들은 수치심을 배우고
질투 속에서 자라는 아이들은 시기심을 배우고
수치심을 느끼며 자라는 아이들은 죄책감을 배운다.
　　　_도로시 로 톨테의 〈아이들은 생활 속에서 배운다〉 중 일부

　평생을 아동교육에 바친 교육자 '도로시 로 놀테'의 경구(警句)처
럼 가정폭력 속에서 불우하게 자란 아이들이나 해체된 가정에서

일탈하며 자란 미혼모들은 좋은 것을 주어도 감사할 줄 모르기 일쑤입니다. 은혜를 원수로 갚는 이 아이들을 어찌하면 좋을까?

고아와 과부와
나그네를 대접할 때
감사할 줄 알거든 돕고
은혜를 갚을 줄 아는 이들만
골라서 도우라 하지 않으시고
너도 거저 받았으니 거저 주라고
이것저것 따지지 말고 주라고 하셨으니
사랑을 받는 것보다 주는 것이 행복하다 하셨으니
상처 많은 아이들이니 봐줘야 하지 않겠냐 하시니
아기를 혼자 낳아 혼자 키우니 짠하지 않으냐 하시니

멍든 가슴 다독이겠습니다.
멍든 가슴으로 기도드리니
우리를 불쌍히 여겨주소서!

2020년 5월 6일 편지

가난한 사람들

마더 테레사 수녀는 굶주린 이웃에게 나눠줄 식량을 챙겼습니다. 자녀가 여덟이나 되는 힌두교 가족이 며칠 동안 아무것도 먹지 못했다는 소식을 들었기 때문입니다. 힌두교 가족의 집에 도착한 마더는 가난에 지친 여인에게 식량을 건넸습니다. 여인은 눈물을 글썽이며 감사 인사를 했습니다. 그러더니 건네받은 식량의 절반을 들고는 잠깐 다녀올 곳이 있다면서 집 밖으로 나섰습니다. 집을 나선 여인은 며칠 굶은 탓에 쓰러질 것처럼 위태로워 보였습니다. 마더는 집으로 돌아온 여인에게 물었습니다.

"어디를 그렇게 급히 다녀오십니까?"

"우리처럼 굶고 있는 이웃에게 다녀왔습니다."

마더는 여인이 들려준 이야기에 가슴이 울컥했습니다. 힌두교 여인이 마더가 준 쌀의 절반을 나눈 이웃은 이슬람 교인이었습니다. 그 이웃 또한 여덟 명의 자녀가 있는데 돈이 떨어지면서 자신들처럼 며칠 동안 아무것도 먹지 못한 것입니다. 그녀는 굶주림의 고통이 얼마나 큰지, 특히 자녀들에게 아무것도 먹이지 못하는 어머니의 고통과 슬픔이 얼마나 큰지 잘 알고 있었기 때문에 그들의 굶주린 소식을 알고도 모른 척할 수 없어서 쌀의 절반을 나눈 것입니다.

마더의 가슴이 미어진 것은 힌두교 여인의 행동 때문만은 아니었습니다. 며칠 동안 아무것도 먹지 못한 그녀의 어린 자녀들은 몹시 야위어 있었습니다. 야윈 얼굴에는 배고픔에 지친 표정이 역력했습니다. 움푹 팬 퀭한 눈빛으로 무엇인가 말하는 굶주린 아이들, 고통 속에서도 빛나는 무엇인가를 발산하는 아이들을 보고 돌아온 마더 테레사는 이렇게 말씀하셨습니다.

"나는 어린 자녀들의 얼굴을 도무지 형용할 수 없습니다. 그들의 야윈 얼굴에는 고통이 가득 담겨 있었습니다. 그러나 내가 떠나올 때, 그들의 눈은 기쁨으로 반짝이고 있었습니다. 그 어머니와 자녀들이 자신의 사랑을 다른 사람들에게 나누어 줄 수 있었기 때문입니다."

그녀는 예수가 한 것처럼 행동했습니다. 그녀는 자기의 사랑을 이웃에게 나누어 주었습니다.

밤하늘 별보다 더 반짝이던 누나의 눈물

밤하늘 별과 달리 사람의 눈은 아무 때나 반짝이는 것 같지 않습니다. 탐욕에 찌든 사람의 눈은 반짝이지 않습니다. 이웃의 아픔을 외면하는 사람의 눈 또한 반짝이지 않습니다. 그렇다면 사람의 눈은 언제 반짝일까요? 지고지순한 사랑을 나눌 때, 나보다 더 어려운 이웃을 위해 식량을 나눌 때, 내 부모 형제의 무거운 짐을 대신 질 때 사람의 눈은 별빛보다 더 아름답게 빛납니다.

가난한 부모 형제를 위해 자기의 삶을 희생하던 어떤 누나의 눈이 생각납니다. 이름 모를 그 누나는 제가 초등학교 3학년이던 1970년에 만난 109번 상마운수 버스의 차장이었습니다. 그 누나가 제게 말을 걸었습니다.

"몇 학년이니?"

"저, 3학년입니다."

"시골에 있는 내 동생하고 많이 닮았구나!"

"……."

"이름이 뭐니?"

"네…, 호진이라고 합니다!"

버스는 영등포 로터리와 양남동을 지나 오목교를 향하고 있었습니다. 몇 정거장만 더 가면 109번 상마운수의 종점인 신정동 차부(車部)에 도착합니다. 승객들은 거의 다 내렸습니다. 자주색 베레모를 쓴 차장 누나는 그리움의 눈빛으로 저를 바라보면서 이런저런 질문을 했고, 어리바리한 저는 더듬거리며 겨우 대답했습니다. 그 누나가 제 상고머리를 쓰다듬어 주었습니다. 버스가 종점에 도착하자 차장 누나는 제 손을 잡고 내린 뒤 제 앞에 쪼그려 앉았습니다.

"호진아, 누나가 용돈 줄게!"

"……."

"내 동생 같아서 주는 거니까 괜찮아! 어서 받아!"

"감, 감사… 합니다!"

"다음에 누나 버스 타면 차비 내지 말고 그냥 타~!"

차장 누나는 용돈(얼마를 주었는지는 기억나지 않습니다)을 주면서 저를 동생처럼 꼭 안아주었습니다. 누나의 따뜻한 품에 안겼던 저는 수줍은 표정으로 감사 인사를 했습니다. 그러고는 돌아섰습니다. 돌아섰다가 다시 돌아보면서 손을 흔들었습니다. 누나는 마치 고향 동생과 헤어지는 것처럼 저에게 손을 흔들면서 반짝반짝 빛나는 눈물을 흘렸습니다. 그 눈물에 저도 눈물 흘릴 뻔했습니다.

그 이후 누나를 다시 만나지는 못했습니다. 누나를 만났던 그날은 노점상 아버지가 냉면을 사주신 뒤 차비를 주어서 버스를 탔던 특별한 날이었습니다. 평상시에는 제가 살던 안양천 뚝방 판자촌에서 4km가량 떨어진 서울 영남초등학교까지 걸어 다녔습니다.

차장 누나는 가난 때문에 상경했을 것입니다. 차장으로 일해서 번 돈을 시골의 가난한 부모님에게 부쳤을 것입니다. 차장 누나가 남루한 옷차림의 저를 안아주면서 용돈을 준 것은 가난한 동생이 생각났기 때문이었습니다. 고향에 두고 온 내 또래의 어린 동생이 그리워 눈물 적신 날이 몇 날 며칠이었을까요. 타관 객지 모진 설움을 사무친 그리움으로 달랜 날이 얼마였을까요.

이름도 성도 모르는 차장 누나는 가난한 가족을 위해 희생했습니다. 가족을 위해 자신을 희생하면서도 그것을 희생이라 생각하지 않고 기쁨으로 감내한 그 누나의 눈물은 밤하늘 별빛보다 더 반짝였습니다. 그 누나는 어디에서 살고 있을까요? 행복하게 살고 있으면 좋겠습니다.

고통스러운 삶 속에서도 빛나는 행복한 별에게

삶의 짐은 무겁습니다.

잘 진다고 해도 무겁습니다.

나의 짐도 이리 무거운데 어떻게 이웃의 짐까지
나눠질 수 있을까요? 가도 가도 끝이 없는 인생길을
걸어갈 수 있을까요? 나만 살면 된다는 각자도생(各自圖生)의
척박한 땅에서 아픈 삶을 나누고, 위로하고, 용기를 북돋우는
그대는 아픈 사람, 살림이 넉넉지 못해 일당벌이로 자식을 키우는
한부모인데도 미혼모의 손을 잡아주는 그대의 가슴은 옥토(沃
土)입니다.

예수께서 눈을 들어 부자들이 헌금궤에 헌금 넣는 것을 보시고, 또 어떤 가난한
과부가 거기에 렙돈 두 닢을 넣는 것을 보셨다. 그래서 예수께서 말씀하셨다.
"내가 진정으로 너희에게 말한다. 이 가난한 과부가 누구보다도 더 많이 넣었다.
저 사람들은 넉넉한 가운데서 자기들의 헌금을 넣었지만, 이 과부는 구차한
가운데서 가지고 있는 생활비 전부를 털어 넣었다"(눅 21:1-4).

그대는 일당벌이가 끊겼는데도 후원금을 보내셨지요. 미혼모
의 딱한 사정을 보고 모른 척할 수 없었던 거지요. 혼자서 아들을
키우는 그대를 생각하면 가슴이 아파요. 자기도 아프면서 아픈 미혼
모의 손을 잡아주시는 그대, 자기도 살기 힘들면서 더 힘든 미혼모
를 위해 후원금을 증액해 주신 그대여, 고맙고 미안합니다. 삶의
캄캄한 밤길을 걸으면서도 슬픔과 고통에 끌려가지 아니하고, 고난
중에 행복한 별이 되어 밤길 비추어주는 그대로 인해 남루한 인생이
반짝반짝 빛납니다. 그래서 그대의 거룩한 일당 앞에 시 한 편 바칩

니다.

자신도 아프면서
가난한 이웃을 위해
삶을 떼어주시는 그대
자신도 살기 힘들면서
더 힘든 미혼모를 위해
일당을 떼어주시는 그대
혼자 아이를 키워야 하는 고해에
쓰나미로 덮친 괴로움과 서러움이
눈물겨운 삶을 산산이 부수곤 합니다.
그런 날은 그대의 지친 심신은
폭풍우처럼 덮친 통증에 시달립니다.
그런데도 그대는 삶의 텃밭에 씨를 뿌립니다.
아픈 인생의 눈물로 짠한 눈물을 닦아줍니다.
그대로 인해 척박한 자갈밭이
인생 꽃피울만한 옥토가 됩니다
그대의 별 하나로 인해
어두운 세상을 살아갑니다.

_ 졸시, 〈거룩한 일당〉

2020년 8월 5일 편지

수녀님이 보내준 거금으로

　코로나로 인해 모두 힘든 시기에 위기 청소년과 미혼모를 위해 기도해 주시는 채송화 수녀님이 300만 원을 보내 주셨습니다. 명절이면 더 외롭고 힘겨운 보육원 출신 등의 미혼모와 가난한 청소년 14명 그리고 장애인 등을 돌보는 공동체 두 곳에 수녀님의 사랑을 나누어드렸습니다. 두 아이를 혼자 키우는 보육원 출신 미혼모에겐 30만 원, 소년원 출신 손주를 홀로 키웠을 뿐 아니라 그 손주가 낳은 증손주까지 돌보느라 허리가 휜 늙고 병든 원미동 할머니에겐 20만 원을 드렸습니다. 죄를 짓고 소년보호재판을 받으면서도 주경야독하는 소년, 가능하면 도움을 받지 않으려고 막노동으로 생계를 잇는 소년, 절망스러운 환경에서도 대학교 진학을 준비하는 열아홉 소년에게 수녀님이 보내주신 후원금 가운데 10만 원을 보냈더니 감사의 글이 왔습니다.

　"이제 일어났는데 돈이 들어와 있네요. 수녀님께 감사하다고 전해주세요ㅠ (어게인 ― 최승주) 대표님께도 연락했어야 했는데 요즘 일하느라 피곤해서 여유가 없었네요. 대학 원서 접수 기간인데 대표님을 비롯한 여러 사람께서 큰 도움 주서 충주에 있는 건국대 글로벌 캠퍼스 넣었어요. 지방 4년제 대학이지만 붙는다면 너무나도 좋을 것 같습니다. 좋은 결과 있었으면 좋겠습니다. 항상 감사합니다."

부모의 보호를 받지 못한 아이들, 온갖 상처로 얼룩진 아이들을 돌보기 위해 정부와 지방자치단체의 지원금을 고사(固辭)하는 '선한 공동체'(대표 김명현 목사님)가 운영하는 대안 가정 '샬롬빌리지'에 50만 원, 중증 장애인을 지극정성으로 보살피는 돌봄공동체 '쉼터'에 50만 원을 각각 나누어드렸습니다. 돈을 나누고, 사랑을 나누는 것이 이렇게도 행복한 일인지, 하면 할수록 거듭 느꼈습니다.

선한 공동체가 정부와 지자체의 지원금을 고사하는 이유에 대해 김명현 목사님은 "지원금을 받으면 성년이 된 아이들을 내보내야 하는 것처럼 비인간적으로 운영해야 합니다. 조건에 따라 돌보고 외면하는 것은 가족이 아닙니다. 선한 공동체는 아이들을 끝까지 책임지겠습니다"라고 말씀하십니다. 무한한 사랑과 책임으로 부모에게 버림받은 아이들과 장애 청소년들을 지극정성으로 돌보는 선한 공동체를 보면 '아, 누가 이렇게 힘든 길을 갈 수 있을까' 생각하며, 헌신과 희생으로 가시밭길을 가는 선한 공동체에 부끄러움으로 감사드립니다.

수녀님이 보내주신 300만 원은 욕망에 찌든 3억 원보다 큰돈! 이렇게 큰돈을 형편에 따라 나누고 쪼개어 보내다 보니 아이들이 사고 싶었고 하고 싶었던 것을 다 할 수 있을 정도의 돈은 아니겠지만, 가난한 아이들을 위해 기도하시는 수녀님의 지극한 사랑을 생각하면 눈물 나려고 합니다.

코로나로 더 쓸쓸하고 힘겨운 한가위가 될 뻔했는데 보름달보다 더 크고 밝은 수녀님의 사랑으로 이렇게도 많은 아이와 이웃이 행복한 한가위를 맞습니다. 더도 말고 덜도 말고 이런 사랑의 한가위라면 힘겹고 외로운 사람들이 서로 마음 기대어 살 것입니다.

2020년 9월 28일 편지

※추신

코로나바이러스는 우리들의 사랑을 막을 수 없습니다. 코로나로 고향에 가지도 못하고 온 가족이 함께 모여 추석을 보내기 힘들지만, 마음은 고향에 갈 수 있고, 마음은 모일 수 있습니다. 가난하고 외로운 이웃들과 마음을 나눌 수 있다는 것을 인정머리 없는 바이러스는 모를 것입니다. 코로나바이러스든, 변형되어 나타날 어떠한 바이러스든 우리의 사랑을 막을 수 없습니다. 그리하여 우리 서로 사랑하는 마음으로 어디서든 함께 바라보는 한가위 보름달이 두둥실 두리둥실 떠서 지천을 밝힐 걸 생각하니 벌써 마음이 포근해집니다. 우리 서로 행복한 한가위 보냅시다.

눈물 밥 그리고 희망

예수께서는 자기를 초대한 사람들에게도 말씀하셨다. "네가 점심이나 만찬을 베풀 때, 네 친구나 네 형제나 네 친척이나 부유한 이웃 사람들을 부르지 말아라. 그렇게 하면 그들도 너를 도로 초대하여 네게 되갚아, 네 은공이 없어질 것이다. 잔치를 베풀 때는, 가난한 사람과 지체에 장애가 있는 사람들과 다리 저는 사람들과 눈먼 사람들을 불러라. 그리하면 네가 복될 것이다. 그들이 네게 갚을 수 없기 때문이다. 의인들이 부활할 때, 하나님께서 네게 갚아 주실 것이다"(눅 14:12-14).

겨울 삼계탕

여름에 먹는 삼계탕과 겨울에 먹는 삼계탕이 다르다는 것을 알았습니다. 여름에 먹는 삼계탕은 땀으로 소모된 양기를 보충하고, 체온을 유지해준다고 합니다. 반면에 가난한 이웃과 나누는 뜨끈뜨끈한 삼계탕은 잃어버린 정과 사랑을 되찾기에 아주 좋은 음식이라는 것을 올겨울에 알았습니다. 한 끼니 밥에 서러운 사람, 벼랑 끝에 내몰린 어린 나그네를 대접하면서 깨닫습니다.

그래서 병든 엄마를 대신해서 소녀를 키운 친할머니와 소녀를 뷔페식당에 데리고 갔습니다. 타국이자 조국인 땅을 떠도는 나그네 신세가 서러운 데다 어려운 처지에서 얻어먹는 밥이 심간(心肝) 편할 리가 있겠습니까. 열일곱 살 연변 소녀는 고개 숙인 채 밥을 먹었고, 여든을 앞둔 소녀의 할머니는 '이 사람이 왜 선의를 베푸는 거지?', 손녀에게 일자리를 준 것도 모자라 음식까지 대접하니 '호의인가? 꿍꿍이인가?' 고마움 반, 의심 반으로 어렵게 식사하셨습니다. 이 풍진 세상을 살아온 할머니 모습을 보면서 박노해 시인의 〈통박〉이란 시가 생각났습니다.

어느 놈이 커피 한잔 산다고 할 때는
뭔가 바라는 게 있다는 걸 안다.

고상하신 양반이
부드러운 미소로 내 등을 두드릴 땐
내게 무얼 원하는지 안다.

이 시처럼 세상에는 공짜도 선의도 없다는 것을 수없이 경험했을 할머니는 손녀를 돕는 손길이 고마우면서 불안했던 것입니다.

한 끼니 밥에 서러워 본 적 있습니까?

두 번째는 연변 소녀와 삼계탕으로 식사했습니다. 고시원이 무료로 제공하는 찰기 없는 밥으로 끼니를 달래는 소녀의 허기는 물론이고 냉동 밥으로 점심 끼니를 달래는 저의 허기 또한 달래려고 삼계탕을 먹었습니다. 정말 맛있게 먹었습니다.

　세 번째는 연변 소녀와 소녀의 아빠에게 삼계탕을 대접했습니다. 소녀와 할머니와 아빠에게 음식을 대접했던 것은 무엇을 어떻게 도와야 할지 알고 싶어서였습니다. 가난했던 세상이 차고 넘치도록 풍요로워지고, 쌓아둘지언정 나누기를 꺼리는 세상이 되면서 한 끼니 밥의 서러움을 까마득히 잊어버렸지만, 저는 눈물 밥의 뜨거움을 믿기에 밥을 나누었습니다.

　네 번째 식사 또한 삼계탕으로 대접했습니다. 이 추운 겨울 막막한 몸을 피할 길이 없는 타국에서의 삶이 얼마나 춥고 두렵겠습니까. 세 번째 대접하는 삼계탕인데도 부녀는 국물 한 방울 남기지 않고 후루룩후루룩 아주 맛있게 먹었습니다. 뜨거운 국물 덕분에 의심과 경계도 사라졌습니다. 마음 깊은 곳에 있는 슬픔과 아픔을 꺼내어 나누었습니다. 한 끼니 밥에 서러워 본 적 있는 사람은 한 끼니 밥의 뜨거움을 압니다.

아빠가 죽으면 나도 죽으려고 했어요

　"한국에 가면 떼돈 번다더라!"

　코리안 드림을 품에 안고 2007년 한국에 온 소녀의 아빠는 암에 걸린 노모를 한국으로 모시고 와서 보험 적용이 안 되는 수술을 하는 바람에 한국에서 번 돈을 병원비와 약값으로 날리고, 연변에 있는 집까지 팔아서 어머니를 살렸지만, 그로 인해 연변으로 돌아가도 머물 곳이 없습니다.

　코리안드림에 실패한 쉰 살의 아빠는 인생이 막막해 두 번이나 죽으려고 했습니다. 아빠는 딸에게 짐이 되지 않으려고 죽으려 했고, 아빠 하나 믿고 타국 땅에 온 열일곱 연변 소녀는 아빠가 죽으면 따라서 죽으려고 했다고 말했습니다. 소녀의 눈에서 흐르는 이슬방울 같은 눈물을 어떻게 닦아주어야 할까요?

벼랑 끝으로 내몰린 아이들을 희망으로 키우는 모임

코로나 팬데믹의 공포가 무섭습니다. 삭막한 세상은 더욱더 삭막해졌습니다. 솔직하게 고백하면 저 또한 두렵습니다. 코로나 팬데믹이 엄습하면서 후원금이 줄어들고 있습니다. 이런 상황에서 연변 소녀를 도울 후원자를 기다렸는데 소식이 없었습니다. 상황이 상황이니만큼 저도 위축됐습니다. 소녀의 손을 놓을지도 몰라서 두려웠습니다. 그런데 백신만큼 반가운 사람들이 연변 소녀를 돕겠다고 연락해 왔습니다. 높고 힘세고 부유한 사람들이 아닙니다. 외롭고 힘들지만 따뜻한 사람들입니다. 위축된 마음에 힘을 주신 여러분께 감사드립니다.

연변에서 온 소녀뿐 아니라 절망의 벼랑 끝으로 내몰린 아이들을 희망으로 키우는 모임을 가지려고 합니다. 잠깐의 선심으로는 아이들을 구할 수 없기에, 아이들은 걸인이 아니라 희망이기에 적선이 아닌 사랑으로 아이들을 일으켜 줄 후원자의 참여를 기다립니다. 참여 방법은 다음 편지에서 알려드리겠습니다. 감사합니다.

2020년 12월 9일

메리 크리스마스

가난한 목수의 아들
아기 예수를 경배하는
고요하고 거룩한 이 밤에
두 손 모아 기도를 드립니다.

코로나 팬데믹으로
한 세기가 저물고 있습니다.
가난한 아이들과 미혼모들은
두려움에 휩싸여 어쩔 줄 모릅니다.

만일, 가난한 아이들의 눈물을 닦아주신
그대의 따뜻한 손길이 아니었으면 이들은
바이러스보다 더 무서운 절망에 감염됐을 것입니다.

춥디추운 이 엄동에

버림받은 아이들은 덜덜덜 떨고
절망한 이웃들은 슬피 울고 있는데도
그들이 나와 무슨 상관이냐며 안면 몰수하는
욕망 덩어리들만 사는 각자도생의 세상이라면
천 번 만 번 멸망한다고 해도 할 말 없을 것입니다.

그런데 추위에 떠는 아이들 위해
장작불을 피우시는 그대들 덕분에
인생 포기하지 말고 함께 살자면서
따뜻하게 안아주시는 그대들로 인하여
고아뿐 아니라 미혼모와 나그네들이 살아갑니다.

이들에게 살아갈 희망과 용기를 주신 그대 덕분에
세상은 조금 더 따뜻해졌고 살만한 세상이 됐습니다.

그리하여 낮은 곳에 임하신 인자께서
아이들과 미혼모를 품어준 그대들에게
성탄 인사를 전해달라고 부탁하셨습니다.

"위기 청소년과 미혼모를 따뜻하게 해준
아름다운 그대들이여, 메리 크리스마스!"

그러므로 다가오는 2021년 새해에는

그대들과 함께 더욱 사랑하게 하소서!
더 나누게 하시고 더 따뜻하게 하소서!

2020년 12월 23일 편지

해피 도시락을 배달했습니다

기다림의 눈물을 흘려본 사람은 압니다.
떠난 사람은 아무리 기다려도 오지 않는다는 것을
베갯잇을 적시고 또 적셔도 돌아오지 않는다는 것을
바람처럼 돌아왔다가도 또다시 떠난다는 것을 압니다.

온 가족이 오순도순 모여 앉아
따뜻한 밥을 먹는 이웃집의 행복한
저녁을 훔쳐본 이들은 알 것입니다.

빵은 훔칠 수 있으나
행복은 훔칠 수 없다는 것을.
기쁜 이웃들에게 기쁜 날이 와서
기쁨에 겨워 노래하며 춤을 출 때면
슬픈 이들은 더 슬퍼해야 한다는 것을.

어린 시절의 저는
크리스마스가 싫었습니다.

선물을 듬뿍 받은 부잣집 아이들이
기쁘다 구주 오셨다면서 찬양할 때
판잣집을 지키던 저는 술에 취해 귀가한
노점상 아버지의 눈물을 달래야 했습니다.
크리스마스에도 수제비로 허기를 달랬습니다.

어게인 산타가 되어 해피 도시락을 배달했습니다

기다리는 것들은 기다릴수록
찾아오지 않는다는 것을 잘 알기에
산타를 기다리지 않고 산타가 되기로 했습니다.

울면 안 된다고
울면 선물 안 준다고 해서
우는 아이들을 찾아갔습니다.
곰팡이 피고 벌레 우글거리는 반지하 단칸방에서
아픈 아기를 품에 안고 잠드는 어리디어린 미혼모와
떠난 엄마가 영영 돌아오지 않자 세상의 거리를 방황하다
방황하는 소녀를 만나 아기를 낳은 미혼부를 찾아갔습니다.

소년희망공장이 만든 고급 도시락과

키 작은 수녀님이 보내주신 털장갑과

키 작은 장로님이 가져오신 맛있는 빵과

천종호 판사님이 보내주신 운동화와 양말을 가지고

루돌프는 코로나 바이러스 때문에 못 오신다고 하여

툭하면 고장 나는 고물차 타고 크리스마스 선물을 배달했습니다.

연변 소녀에게는 아빠와 할머니 도시락까지 배달했고, 우울증 환자인 민우에게는 몸이 아픈 아빠 도시락까지 배달했고, 소년소녀 가장 삼 남매에게도 도시락을 배달했고, 반지하 미혼모 은주에게도 도시락을 배달했고, 소년원을 갔다 온 미혼부 영호에게는 할머니와 미혼모의 도시락을 배달했습니다. 나처럼 슬픈 크리스마스를 보내지 말기를 바라는 마음으로 도시락 이름을 '해피 도시락'이라고 붙였습니다. 하루만이라도 행복하길 빌었습니다.

2021년, 내년에는 아이들을 만나고 싶습니다

2019년, 작년에는

송년의 밤을 열었습니다.

고아와

과부와

나그네를

잘 섬기라고 하신
하나님이 좋아하신 밤이었습니다.

장애인 소년들과
엄마 없는 소년들
남편 없는 미혼모와
집 없는 이웃들이 오셔서

맛있게 먹고
즐겁게 놀고
선물도 나눈
행복한 밤이었습니다.

그런데 올해는
코로나 바이러스 때문에
모여서 놀 수가 없었습니다.

2021년 내년에는
다시 모여 놀고 싶습니다.
아이들을 다시 만나고 싶습니다.

그리운 것들은 아무리 기다려도
차마 오지 아니하고 애만 태우고

아이들은 차디찬 바람에 꽁꽁 얼어
봄을 맞지도 못하고 시들어 버립니다.

그러므로 그리운 봄을 맞이하려면
맨발이 아프게 달려가야 한다는 것을
슬픔과 아픔의 세월이 알려주었으므로
한 해가 저무는 겨울에 봄을 향해 출발합니다.

2021년 희망의 봄아
눈부시도록 화사한 봄아
너 거기에 꼼짝 말고 있어!

2020년 12월 30일 마지막 편지

여고생의 기부금⋯ "친구들아, 힘내!"

지난 1월 30일 눈빛 반짝이는 여고생 세 명이 어게인 '소년희망센터'에 찾아왔습니다. 부천시 산울림 청소년수련관(관장 양승부) 자치기구인 청소년운영위원회 위원인 김은송(부천여고 1학년), 이현주(송내고 1학년), 신해솔(시온고 1학년) 세 명의 여고생은 지난해 11월 28일부터 12월 31일까지 한 달가량 온·오프라인에서 진행했던 '플리마켓'(사용하지 않는 물건을 팔거나 교환하는 방식의 착한 소비 운동)에서 발생한 판매 수익금 20만 원을 위기 청소년을 위해 사용해달라고 기부하기 위해 찾아온 것입니다.

부천시 산울림 청소년수련관은 부천시가 설립하고 부천 여성 청소년재단에서 운영하는 청소년 활동 시설로, 원미산 자락에 있습니다. 산울림은 친환경 실천 문화를 확산하고 생태 감수성을 키워 청소년 환경 리더를 양성하는 생태 환경 특성화 사업과 창의성을 증진하면서 청소년들이 건강한 민주시민으로 성장할 수 있도록 돕는 역량 개발 사업을 운영하고 있다고 합니다.

"어려움에 처한 친구들에게 조금이나마 도움이 됐으면 좋겠습니다."

세 명의 여고생은 기부금을 전하면서 이렇게 말했습니다. 그러면서 입양됐다가 파양 당한 친구와 양부모에 의해 죽임당한 정인이 사건을 이야기하면서 가슴 아파했습니다. 세상에서 발생한 사건을 간섭하기엔 어린 나이지만, '그들의 아픔과 고통이 나와 무슨 상관 있냐'면서 외면하는 무책임한 어른보다 훨씬 성숙한 청소년이었습니다. 어려움에 처한 친구들과 연대하고 지원하기 위해 플리마켓을 기획하여 자신들이 아끼던 물건을 판매하고 수익금을 기부한 산울림 청소년들에게 박수를 보냅니다. 위기 청소년에게 희망의 메시지를 부탁했더니 은송 양이 이렇게 말했습니다.

"친구들아, 지금은 힘들겠지만 어려움을 극복하기 위해 열심히 산다면 미래에는 희망이 있을 거야. 친구들아, 힘내!"

희망에게 부탁합니다! 학생에겐 공부가 중요하지만, 점수 때문에 영혼을 잃어버리는 비극이 일어나지 않기를 부탁합니다.

"어린 학생들이 뭘 알아!"

무책임하고 몰지각한 어른들이 청소년들을 이렇게 무시할지라도 가슴 아픈 사건에 눈을 크게 뜨고 귀 기울이면서 여러분의 시대엔 슬픈 사건이 사라질 수 있도록 가슴 열기를 부탁합니다.

위기에 처한 친구의 이야기를 듣고도 어린 학생의 힘으로는 어떻게 할 방법이 없어 안타깝겠지만, 마음을 나누며 위로한다면 용기가 생길 것입니다. 용기와 희망이 생긴다면 위기에서 벗어날 수 있을 것입니다. 세상은 혼자 사는 것이 아닙니다. 각자도생은 각자 망하는 길입니다. 그러므로 점수에 영혼을 팔아넘긴 점수 노예들이 세상을 차지하지 못하도록 깨어 있는 여러분이 주역이 되어주길 부탁드립니다.

공동체 활동과 훈련을 통해 건강한 시민으로 성장하는 청소년 여러분이 미래의 주인공인 것이 얼마나 다행인지 모르겠습니다. 염치없고 부끄럽지만 이렇게 부탁할 수 있는 청소년이 있다는 건 아름다운 일이자 이러한 사건을 해결할 단초입니다. 그래서 어른으로서 고개 숙여 인사합니다.

"청소년 여러분 고맙습니다!"

2021년 2월 3일 편지

새해에는 팔복(八福) 받으세요!

코로나 사태로 힘겨운 2021년 신축년(辛丑年) 명절 설과 새해를 맞이합니다. 그리하여 복(福)을 빌어 드리고 싶어 이리저리 곰곰이 생각하였습니다.

돈 많이 벌라는 福보다는, 건강하게 오래 살라는 福보다는, 무한 경쟁에서 승승장구하라는 福보다는, 예수가 갈릴리호숫가 산 위에서 설교하며 설파한 여덟 가지 참 행복 '八福'을 나눠드리는 것이 좋겠다는 생각이 들었습니다. 그러므로 2021년에는 욕망 덩어리 복보다 하늘의 참 행복을 받으시길 빕니다.

1복, 마음이 가난한 사람은 복이 있다. 하늘나라가 그들의 것이다.

2복, 슬퍼하는 사람은 복이 있다. 하나님이 그들을 위로하실 것이다.

3복, 온유한 사람은 복이 있다. 그들이 땅을 차지할 것이다.

4복, 의에 주리고 목마른 사람은 복이 있다. 그들이 배부를 것이다.

5복, 자비한 사람은 복이 있다. 하나님이 그들을 자비롭게 대하실 것이다.

6복, 마음이 깨끗한 사람은 복이 있다. 그들이 하나님을 볼 것이다.

7복, 평화를 이루는 사람은 복이 있다. 하나님이 그들을 자기의 자녀라고 부르실 것이다.

8복, 의를 위하여 박해를 받은 사람은 복이 있다. 하늘나라가 그들의 것이다(마 5:3-10).

2021년 2월 10일 편지

작은 선물을 준비했습니다

　매 맞기 위해 태어난 게 아닌데 맞은 기억밖에 없는 피멍 든 아이들, 꽃을 피우지도 못한 채 시들어 버린 아이들, 너무 일찍 엄마가 되어버린 미혼모, 딱한 이 아이들을 살리는 일에 급급했습니다. '소년희망공장' 살리는 일에 급급했습니다. 때론 휴일도 휴식도 반납하고 일했습니다. 몸이 아파도 일했고, 힘들어도 일했습니다. 그러느라 후원자 명단을 이제야 살펴봤습니다. 참, 무심했습니다.

　처제, 사돈어른, 아내 대학 동기, 채송화 수녀님, 큰아들 친구들, 교회 형제자매들, 페이스북 친구들, 뉴질랜드와 미국 등지의 해외 후원자 그리고 익명의 후원자들. 물론 저와 아내 그리고 남아공에서 공부 중인 큰아들도 후원자입니다.

　묵묵히 후원해 주신 여러분의 사랑을 세심하게 살피지 못한 저희를 용서 바랍니다. 변명처럼 들리시겠지만 어게인에는 후원자 관리 담당 직원이 없습니다. 그래서 생일 축하 문자도 보내지 못하고, 감사 문자도 보내지 못합니다.

아득한 소년 희망의 길

'39.5도!'

2년 전 이맘때 온몸이 불덩이였습니다. 응급실에 갔더니 A형 독감이라고 했습니다. 약골인 저는 민망할 정도로 종종 앓아눕습니다. 새벽에 출근해 '소년희망공장'을 청소하고, 외풍이 센 '소년희망센터'에 도착해 덜덜 떨곤 하는 제 모습을 보고, 저를 걱정하며 아내가 말합니다. 가난한 어린 시절에 제대로 못 먹었기 때문이라고요. 하지만 또 다른 이유는 예민하고 약한 제 기질 때문입니다. 난민촌에서 태어나 판자촌에서 자란 저는 희망을 이야기하면서도 절망에 빠지기도 하는 약골입니다.

수년 동안 지켜주고 격려했던 소녀 가장이 어렵게 공부해서 괜찮은 대학에 진학했습니다. 어린 나이에 미혼부가 된 소년원 출신 위기 청소년이 사채의 늪에 빠졌기 때문에 이대로 두면 가정은 깨지고 아이는 버려질 가능성이 커서 안정된 직장에 취직을 시켜 주었습니다. 그렇게 되면 절망에서 벗어나 희망의 나무로 우뚝 설 것이라 믿었습니다. 그런데 소녀는 인사도 없이 떠났고, 미혼부 가정은 또다시 위기에 처했습니다. 구미에선 세 살배기 아이가 생모에게 버려져 굶어 죽었다는 참혹한 소식이 들려옵니다.

주소를 알려주세요

'지친 몸이 또 지칠지라도, 아픈 몸이 또 아플지라도, 가야 할 길이 아무리 아득할지라도 소년 희망의 길을 가야겠다' 하고 다짐합니다. 묵묵히 후원해준 여러분의 격려와 응원이 아니었으면 일에 지쳐서 쓰러졌을 것입니다. 검은 머리 짐승은 거두는 게 아니라는 옛말에 수긍하면서 소년 희망을 접었을 것입니다.

희망이란 절망의 무게만큼 자란다는 것을, 고통의 시간만큼 빛난다는 것을, 그 무엇보다 동역자들이 후원과 기도로 함께 한다는 사실을 다시 깨닫습니다. 후원금은 돈이지만 그냥 돈이 아니라 뜨거운 희망이란 사실 앞에서 후원자 여러분에게 감사 인사를 드립니다.

그래서 후원자 여러분에게 드릴 작은 선물을 준비했습니다. 드립백 커피를 선물로 보내려고 합니다. 받은 사랑에 비하면 너무 작은 선물이지만 마음으로 받아주시기를 부탁드립니다. 그래서 아래 후원자님들에게 주소를 부탁드립니다.

곽기량, 신현호, 안나영, 안소영, 이경숙, 정민주, 정찬길, 한여름, 황재호.

이름도 없이 묵묵히 후원해 주신 익명의 기부자님께도 또한 주소와 이름을 부탁드립니다. 저희가 보내는 메일로 이름과 주소, 연락처를 회신 부탁드립니다.

후원자 여러분에게 작은 선물을 보낼 수 있도록 드립백 커피를 후원해 주신 '1킬로커피' 이상호 대표님께 감사드립니다. 도움을 청할 자격이 생기기 전에는 함부로 손 벌리지 말자고 다짐했습니다. 어게인 설립 7년 만에 정식 사이트를 만들고, 정식후원 창구를 열면서 우리 스스로 심사했습니다.

후원을 요청할 만큼 재정을 정직하게 사용하고 있는가?

후원자가 실망하지 않을 만큼 진실하고 성실하게 일하고 있는가?

이제는 후원해 주십시오. 재정을 더욱 정직하게 사용하겠습니다. 진실하게 일하면서 아이들을 살리겠습니다.

2021년 2월 17일 편지

하늘나라에서 보낸 후원금

"장영호 님 이름으로 후원해 주세요."

부산에서 걸려 온 한 통의 전화를 받고 가슴이 아팠습니다. 후원자가 이 세상에 계시지 않기 때문입니다. 장영호 님은 지난해 10월 하늘나라로 떠났다고 했습니다. 장애인이었던 고인은 '기초생활수급자'였다고 했습니다.

고인은 가족과 단절된 채 살았다고 했습니다. 외롭고 힘들었던 61년의 인생을 마감하고 떠나면서 그냥 떠나지 않고 '기초생활수급자 생계 급여'로 모은 돈을 가난한 이웃을 위해 사용해달라는 유언을 남기고 떠났다고 했습니다.

외롭고 쓸쓸했던 고인을 수발했던 따뜻한 두 이웃, 고인의 뜻을 전해오신 분은 10여 년간 고인을 도운 이영순 님과 남행희 님. 어게인 후원자이신 남행희 님이 어게인을 추천하셨습니다. 자활 후원 기관에서 일했던 두 사람은 10여 년 전에 고인을 만났다고 했습니다. 두 사람은 가족 없이 홀로 지내는 고인을 정성껏 돌봤고, 고인은 두 사람을 의지하면서 삶의 고달픔과 서러움을 달랬습니다.

"인생이 외롭고 힘들어서 술을 드시기는 했지만 그래도 열심히 살려고 애썼던 분입니다. 아들이 한 분 있다고 했는데 30년간 떨어져 살았으니 얼마나 그리웠을까요. 고인은 힘겨운 삶을 마감하면서 자신이 남긴 얼마 되지 않은 돈이지만 가난한 이웃을 위해 써달라는 유언을 남겼습니다. 고인의 뜻에 따라 부모의 사랑을 받지 못한 위기 청소년과 미혼모를 위해 후원하기로 했는데 고인이 꿈에 나타나서 '나의 유언을 잘 이행해 주어서 고맙다. 이제 갈란다!'라면서 웃으면서 가셨습니다."

고인을 10여 년간 도우며 수발했던 이영순 님은 지난밤 꿈에 고인이 나타났다며 이렇게 말했습니다.

"하늘나라에서 보낸 후원금 함부로 사용하지 않겠습니다!"

고인이 남긴 돈은 큰돈이 아닙니다. 고인이 후원한 돈 역시 큰돈이 아닙니다. 하지만 고인의 후원금은 작지만 큰 후원금입니다. 이런 후원금을 함부로 사용한다면 그것은 죄를 짓는 것입니다. 비영리 민간단체인 어게인에게 후원금은 생명줄입니다. 후원금이 없다면 위기 청소년과 미혼모를 도울 수 없습니다. 봄볕처럼 따뜻한 이웃들의 소중한 후원금으로 어게인은 일합니다. 일을 잘하지는 못하지만 정직하고 진실하게 일하려고 애를 씁니다.

가난한 이웃에게 이 세상은 살벌한 세상입니다. 가난한 이웃에게 이 세상은 쓸쓸한 세상입니다. 막다른 삶의 벼랑으로 내몰린 그들의 삶은 위태롭습니다. 이런 세상에서 손을 잡아주는 이웃마저 없다면 어떻게 될까요. 벼랑 끝에 내몰린 이웃에게 힘을 주는 손은 큰돈을 가진 손이 아니라 삶의 아픔과 눈물을 흘려본 적이 있는 따뜻한 손입니다. 좋은 이웃입니다.

어게인 후원자 중에는 거액을 내는 큰손은 없습니다. 삶의 힘겨움 속에서 눈물 고개를 넘어가는 눈물겨운 이웃들이 많습니다. 그래서 마음이 무겁습니다. 그들이 낸 돈은 그냥 돈이 아니어서 더 소중하게 사용합니다.

방황하는 청소년이었던 아들을 잃은 아버지가 위기 청소년과 미혼모를 위해 보내 주시는 후원금과 열두 살 딸을 혼자 키우는 한부모 엄마가 아픈 몸으로 일해 번 돈을 아껴서 보냈다는 이야기를 듣고는 가슴이 아팠습니다. 가난한 목회자였던 남편을 하늘나라로 떠나보낸 늙은 사모님은 장애인 자녀들과 모여서 부활절 예배를 드렸고, 헌금은 저희에게 보내 주셨습니다.

봄볕처럼 따뜻한 후원금!
눈물겹고 가슴 아픈 후원금!
정성이 가득 담긴 소중한 후원금!
그리고 하늘나라에서 보낸 후원금!
함부로 사용하지 않고 잘 사용하겠습니다.

2021년 8월 4일 편지

100만 원 상품권 누구에게 줄까

　최근에 어려움을 겪으신 어게인의 한 후원자님이 상품권 100만 원어치를 보냈습니다. 혼자서 아들을 키우면서 치매 걸린 어머님을 모시는 그분께서는 최근에 억울한 일로 회사를 그만두어야 하는 어려움을 겪었는데도 자신의 아픔에 갇히지 않고 위기 청소년과 미혼모를 위해 사용해달라고 100만 원어치 상품권을 보내 주셨습니다. 그분께서는 상품권을 보내면서 수고를 끼쳐서 미안하다고 했습니다. 그분의 미안함은 제법 사실에 속합니다.

　수고하지 않고서 무엇인가를 나누어 주는 방법은 간단합니다. 무엇인가를 받을 사람들을 소집시킨 뒤에 게으르지 말고 열심히 살라고 일장 훈시(訓示)하고는 약간 거들먹거리면서 상품권이든 후원금이든 나누어줍니다.

　그런 다음에 나누어 준 자가 맨 앞줄 중앙에 교장처럼 떡하니 앉습니다. 가난한 사람들을 장식처럼 거느리고 기념사진을 촬영하면 실적을 올릴 수도 있고, 불우이웃을 도와주는 훌륭한 사람으로 둔갑할 수도 있어서 주로 이 방식을 택합니다.

그런데 이렇게 하지 말아야 합니다. 아무리 좋고 비싼 것을 나눈다고 할지라도, 설사 가난한 사람들을 불쌍히 여긴다 할지라도 이는 상처에 소금을 뿌리는 것과 다르지 않습니다.

가난한 사람에겐 자존심이 없을까요? 그렇지 않습니다. 누군가를 도울 때는, 특히 가난한 사람을 도울 때는 세심히 살펴야 합니다. 돕는 사람은 보람을 느끼고, 도움받는 사람은 진심으로 고마워하는 좋은 방법은 없을까요? 좋은 방법을 알려주는 글이 있어 옮겨왔습니다.

누군가에게 호의를 베풀 때는 세 가지 조건을 잘 지켜야 상대가 진심으로 고마워하고 나 또한 보람을 느끼게 됩니다. 이 세 조건을 '호의(好意) 삼조(三件)'라 부릅니다. 원조(願助), 시조(時助), 은조(隱助)가 그것입니다. 원조는 상대가 절실히 원하는 것을 도와주는 것으로 목이 마른 사람에겐 물을 주고, 배고픈 사람에겐 밥을 줘야 하는 이치와 같습니다. 시조는 도움의 타이밍을 의미합니다. 절실히 도움이 필요할 때 내가 가진 것이 부족해 좀 더 넉넉해지면 도와주려고 미루다 보면 이미 상대는 죽고 없거나 내 도움이 필요 없는 상태가 될지도 모릅니다. 타이밍을 놓치면 의미가 없으므로 부족하면 부족한 대로 때를 놓치지 않고 도와주는 것이 중요합니다. 은조는 다른 사람 모르게 은밀히 도와주는 것을 말합니다. "너는 구제할 때 오른손이 하는 일을 왼손이 모르게 하여 네 구제함을 은밀하게 하라"는 예수님 말씀이 그것을 의미합니다. 또 "남에게 무엇을 주는 보시를 할 때는 준 사람도 없고, 받은 사람도 없고, 주고받은 물건도 없다"는 마음으로 도와줘야 올바른 보시라는 불교의 삼무보시 또한 같은 맥락입니다. 도움이 절실한 사람도 자존심 때문에 공개적인 도움을 거절하는 경우가 많은 만큼 도움을 줄 때 남이 모르게 은밀히 도와주는 은조야말로 호의 삼조의 핵심이라 할 수 있습니다.

억울한 일을 당했으면서도 분노하고 원망하지 아니하고 어려운 이웃을 생각하며 아픔을 달랜 그분의 선한 상품권 10만 원짜리 열 장을 어려운 이웃들에게 나누어 드리려고 합니다.

엄마에게 버림받은 아기를 키우는 할머니, 혼자서 두 아이를 키우는 보육원 출신 미혼모 엄마, 코로나 팬데믹으로 어려움을 겪는 중국 동포 소녀, 혼자서 어린 딸을 키우는 보육원 출신 고아 청년 미혼부, 부모의 이혼과 아동학대로 정신이 온전치 못한 위기 청소년, 유산한 몸으로 아르바이트하면서 혼자 아기를 키우는 미혼모, 혼자 아들을 키우다 알코올 중독에 걸린 40대 미혼모 등 한 사람, 한 사람을 직접 찾아가서 손을 잡고 안부 물으며 상품권을 전달하려고 시동을 걸었습니다.

엊그제 원미동 할머니 집을 찾아갔더니 16개월 된 아기 윤호는 어린이집에 갔다 와 잠자고 있었습니다. 잠든 윤호를 살펴보니 몸은 튼튼해졌고, 볼살은 토실토실해졌습니다. 할머니의 정성 어린 보살핌이 엄마에게 버림받은 상처를 씻어주었습니다.

"양육비를 주시는 것만 해도 미안한데 상품권까지 주시면 미안해서 어떡해요…."

원미동 할머니는 진실로 고마워하고 미안해했습니다. 그러면서 할머니가 김치를 담아서 선물로 주셨습니다. 할머니 김치 솜씨는 일품입니다. 우리 부부는 할머니 김치를 먹으면서 집밥의 그리움을 달랩니다. 할머니, 감사하게 잘 먹겠습니다.

상품권을 건네받은 연변 소녀 영혜는 신세를 너무 져서인지 쑥스러워했고, 유산한 몸으로 아르바이트하면서 남편 옥바라지하고 아픈 아기를 키우는 미혼모 은주는 후원해 주신 분께 감사하다고, 잘 사용하겠다고 인사했습니다. 이번 주 금요일(15일)에는 두 아이를 혼자 키우는 보육원 출신 미혼모 숙희가 상경합니다. 두 아이를 잘 지킨 공로를 칭찬하기 위해 가족사진을 찍어주기로 했습니다. 그래서 저의 집에서 1박 2일 지낼 예정입니다. 그때 슬그머니 상품권을 주려고 합니다.

그리고 다음 주 토요일(23일)에는 보육원 출신 고아 청년 미혼부 현우가 상경합니다. 어게인이 현우의 20개월 된 딸 미연이의 미래를 위해 들어 주는 어린이 보험 계약과 촬영한 가족사진 앨범과 액자를 찾기 위해 상경합니다. 현우에게도 상품권을 슬그머니 주려고 합니다. 이들은 선물을 받아본 적이 별로 없을 것입니다. 선물을 받아본 적 없는 이들이 받는 선물, 그로 인해 따뜻해지는 이웃들의 가슴을 생각하면 사역에 지친 저 또한 행복해집니다. 이런 맛에 삽니다.

참, 선한 상품권을 주신 후원자님은 청송감호소 출신 독거노인에게 생활비를 후원하고 있습니다. 그리고 미혼모 엄마에게 버림받은 증손주를 키우는 원미동 할머니의 양육비도 후원하십니다. 제가아는 것은 이 정도입니다. 모르긴 몰라도 더욱더 많은 이웃들을 도우실 것으로 충분히 짐작됩니다. 이분이 누구인지 궁금해하실 것 같아서 조금이라도 밝히자면, 고아와 과부와 나그네를 잘 섬기라고 부탁하신 하나님 아버지의 말씀에 순종하는 착한 딸이랍니다.

2021년 10월 12일 편지

돌사진 & 가족사진 찍어드려요

　4년 전인 2017년, 보육원 출신 미혼모 숙희는 둘째 준이 돌잔치에서 남몰래 눈물을 훔쳤습니다. 그것은 이름도 모르고 얼굴도 한번 본적 없는 생면부지의 축하객 수십여 명이 준이의 첫 생일을 축하해 주기 위해 전국 각지에서 모였기 때문입니다. 엄마인 자신이 고아였으므로 이렇게 축하객이 많은 돌잔치를 꿈에도 생각하지 못했기에 감사의 눈물을 흘린 것입니다.

　생면부지의 하객들이 준이 할머니와 할아버지, 큰엄마와 큰아빠, 이모와 삼촌이 되어 두 손을 머리 위로 하트 모양을 그리며 숙희 가족에게 "사랑해!"라고 합창하자 숙희는 참았던 눈물을 터트렸습니다. 숙희의 눈물 속엔 감사와 함께 아빠 없이 홀로 아이를 키우는 미혼모의 아픔과 슬픔도 담겨 있었습니다.

　숙희와 인연을 맺은 지 어느덧 8년째입니다. 8년 전 첫째 솜이(8세) 돌잔치할 때만 해도 숙희 남편 수철이는 아빠 자리를 지켰습니다. 숙희는 명절이면 저희 집을 친정집 삼아 아이들을 데리고 명절 쇠러 왔고, 어린이날에는 숙희네 부부와 함께 롯데월드로 놀러 가기도 했습니다. 그런데 둘째 준이가 태어난 얼마 후에 보육원 출신인 수철이는 가정을 버리고 떠났습니다. 자신도 부모에게 버림받고 보육원에서 자랐으면서, 버림받은 고통이 얼마나 큰지 알면서도 자식들을 버리고 떠났고, 그로 인해 숙희와 두 아이는 우울증에 시달렸습니다.

그런 와중에 준이가 급성폐렴으로 응급실에 실려 갔습니다. 숙희는 큰엄마라고 부르는 제 아내에게 전화를 걸어 도움을 청했습니다. 우리 부부는 준이가 입원한 충남 천안의 한 병원으로 달려갔습니다. 준이는 링거 주사를 맞다가 잠이 들었습니다. 아내가 숙희를 안아주자 숙희는 아내 품에 안겨서 눈물을 흘렸습니다. 숙희를 위로하면서 병원비를 대신 정산하고, 보육 교사가 되도록 지원하면서 용기와 희망을 북돋웠더니 숙희네 가정을 뒤덮었던 절망과 슬픔의 먹구름은 걷히고 희망과 기쁨의 햇살이 드리워졌습니다.

솜이와 준이를 잘 키운 미혼모 숙희
아빠 없이도 잘 자라준 솜이와 준이

불행과 슬픔을 견뎌낸 숙희네 가족에게 선물을 주고 싶었습니다. 버림받은 상처를 씻고서 행복한 가정을 만든 숙희네 가족에게 행복한 추억을 선물로 주고 싶었습니다. 하늘이 무너진다고 해도 가족을 끝까지 지키길 바라는 마음으로 가족사진을 촬영해 주고 싶어서 지난 8일(금) 숙희네 가족을 초대했습니다. 바람 불면 쓰러질 것 같았던 가냘픈 숙희는 살이 올랐고, 눈물 젖었던 눈매에는 삶의 의지가 튼튼하게 새겨 있었습니다. 그리고 아빠에게 버림받은 상처로 소아 우울증을 앓았던 솜이는 어엿한 소녀가 됐고, 병치레를 하던 준이는 튼튼한 개구쟁이 소년이 됐습니다.

지난 9일(토) 숙희네 가족사진을 촬영했습니다. 하얀 드레스를 입고 공주처럼 사진을 찍은 솜이와 멋진 양복을 입은 귀공자 준이의 사진 촬영 장면을 지켜보던 숙희는 기쁨의 눈물을 흘렸습니다. 그러고는 사랑하는 솜이와 준이와 함께 가족사진을 찍었습니다. 이렇게 예쁘고 사랑스러운 가족이 또 있을까요. 아무리 보고 또 봐도 행복한 가족입니다. 이제 가족사진이 포토샵을 거쳐 멋진 액자에 담기면 세 식구가 사는 집에 걸릴 것입니다. 숙희는 가족사진을 보면서 하늘이 두 쪽 날지라도 절대로 헤어질 수 없는 가족의 결속을 날마다 다지면서 보고 또 볼 것입니다.

버림받은 슬픔
절망의 고통으로
오랜 세월 힘들었던
숙희네 가족의 사랑과 행복
희망찬 내일을 위해 기도해 주시길 부탁드립니다.

미혼모 아기 돌사진 & 가족사진 찍어 드려요

반지하에 살던 아기 주훈이와 미혼모 엄마에게 버림받은 아기 윤호, 보육원 출신 미혼부인 현우와 딸인 미연, 숙희네 가족사진을 스튜디오에서 전문가가 촬영했습니다.

돌사진과 가족사진을 선물한 이유는 삶의 절망에 걸려 쓰러지지 말고, 가정이 해체돼 뿔뿔이 흩어지지 말고, 부디 행복한 사진을 보면서 삶의 의지를 다지며 어려움을 극복하길 바라는 마음에서였습니다. 삶의 슬픔과 불행에 쫓기는 벼랑 끝 인생이 됐을지라도 끝내 인생을 포기하지 말기를, 가족사진을 보면서 행복한 기억을 떠올리기를, 그리하여 삶의 용기를 얻기를 바라는 작은 바람 때문입니다.

미혼모 아기
미혼 부부 아기
보육원 부모와 아기
그리고 삶의 어려움을 겪는 위기 청소년 가족에게
아기 돌사진과 가족사진을 찍어 드리려고 합니다.

불행한 아기를 위해
어려운 이웃을 위해
우리는 무엇을 해야 할까요?

우리는 무엇인가 할 수도 있고
아무것도 하지 않을 수도 있습니다.
하지만 우리는 무엇인가 하려고 합니다.
슬픈 아기에게 행복한 추억을 선물하려고 합니다.
가난한 이웃에게 행복한 추억을 선물하려고 합니다.

2021년 10월 19일 편지

눈물 없는 성탄절 되게 하소서

태어날 곳조차 찾지 못해 말구유에서 태어나신 아기 예수님! "여우도 굴이 있고, 하늘을 나는 새도 보금자리가 있으나, 인자는 머리 둘 곳이 없다"라고 말씀하신 가난한 예수님이, 머리 둘 곳조차 없던 예수님이 크리스마스를 맞아서 찾아간다면 어떤 동네 그 누구를 찾아갈까요?

가난을 대물림한 동네, 슬픔조차 쓰러진 동네, 절망과 한숨이 뒤엉킨 동네, 그 이웃들을 찾아가실 것입니다. 가서 그들을 위로하실 것입니다. 부여안아 주며, 눈물 닦아 주시면서 죄와 슬픔 몰아내고 구원해 주실 것입니다. 가난과 슬픔에 지친 그들은 기쁨의 눈물을 흘리며 외칠 것입니다.

"기쁘다, 구주 오셨네!"

어떤 산타는 "울면 안 돼 울면 안 돼 산타할아버지는 우는 아이에겐 선물을 안 주신대"라고 겁주지만, 위기 청소년과 미혼모의 좋은 친구인 어게인 산타는 엄마에게 버림받고 우는 아기는 물론 버림받은 아기를 키우는 할머니와 보육원 출신 한부모에게도 크리스마스 선물을 주기 위해 찾아갈 것입니다. 가정폭력과 버려짐과 낙인, 상처와 슬픔으로 얼룩진 위기 청소년들과 '소년희망공장'에서 일하면서 절망 대신 희망을 선택한 아이들을 찾아가 크리스마스 선물을 건네며 위로할 것입니다. 보일러 가스비가 너무 많이 나온다면서 창고나 다름없는 지하 단칸방으로 옮겨 추위를 피하겠다는 원미동 할머니를 찾아가 월동비를 드리면서 따뜻한 겨울을 선물할 것입니다.

괴로운 인생살이 삼백예순 날 중에 하루라도, 단 하루만이라도 기쁜 날이 있다면 그날이 바로 아기 예수가 태어난 크리스마스면 좋겠습니다.

머리 둘 곳 없으신 주님! 눈물과 슬픔의 이웃들을 찾아가는 어게인 산타의 길에 동행하여 주소서! 부디 눈물 없는 성탄절 되게 하소서! 사랑을 나누는 해피 크리스마스 되게 하소서!

이 아이들에겐 크리스마스 선물을 나눠줄 산타 할아버지가 없습니다. 그래서 보육원 출신 미혼모 아이로 충남 천안에 사는 솜이(8세)와 준이(5세), 용접공이 되기 위해 조선소에서 조공으로 일하는 보육원 출신 미혼부가 키우는 어린 미연이(3세)와 할머니들이 키우는 주훈이(2세)와 윤호(2세), 인천에서 미혼모 엄마와 단둘이 사는 다솔이(3세)에게 산타가 되어 크리스마스 선물을 나눠주고 싶습니다.

솜이 남매는 아빠가 없고, 미연이는 엄마가 없습니다. 보육원 출신 한부모의 아이들이니 선물을 줄 산타 할아버지가 없습니다. 그래서 제가 산타 할아버지가 되렵니다. 이들이 사는 곳은 부천, 인천, 천안, 울산입니다. 12월 23일 다녀올 계획입니다. 선물 가득 싣고 가서 전달할 계획입니다. 맛있는 음식도 사주면서 위로할 계획입니다. 슬픔 많은 이 아이들과 한부모와 할머니에게 크리스마스 선물을 드릴 생각을 하니 행복해집니다. 쓸쓸한 아이들도 기쁘게 환호하는 화이트 크리스마스, 가난한 가정에도 캐럴이 울려 퍼지는 행복한 크리스마스, 그런 크리스마스를 선물할 생각을 하니 정말 행복해집니다.

2021년 12월 15일 편지

어느 경찰의 연말정산

"학교 전담 경찰로 근무하던 2016년도에 처음 만난 그 친구는 중학교 2학년으로 하얀 얼굴에 귀티가 흘렀는데 눈망울에선 어떤 슬픔이 흘렀습니다. 그 친구의 슬픔을 달래주고 싶었는데 여러 상황 때문에 그렇게 하지 못해 마음이 아팠습니다."

5년 전에 처음 만난 영철(20세)이는 중학교 2학년으로 소위 문제아였습니다. 학교 측은 학교폭력 등의 문제를 일으킨 영철이를 조 경위에게 부탁했고, 조 경위는 원인 파악을 위해 가정을 방문했습니다. 한부모 가정인 영철이네는 기초생활수급 가정으로 갈등이 잦은 가정이었습니다. 야간 업소에서 일하는 엄마의 잔소리와 간섭, 할머니와 엄마의 잦은 싸움 그리고 중2병을 앓고 있는 영철이의 반항까지 뒤엉키면서 영철이네 집은 하루도 바람 잘 날이 없었습니다.

조 경위의 중재로 영철이네 가정에 평화가 찾아왔습니다. 엄마와 할머니의 싸움이 멈추면서 엄마의 잔소리가 줄었고, 영철이의 결석과 문제 행동도 줄었습니다. 조 경위는 영철이와 수시로 문자를 주고받으면서 수학 여행비를 지원하는 등의 따뜻한 관심을 기울였습니다. 위기 가정의 불화는 일촉즉발(一觸卽發)의 인화성을 갖고 있어서 좀처럼 해결되지 않습니다. 조 경위의 중재로 휴전 상태였던 엄마와 할머니의 싸움이 재발 되면서 영철이의 학교폭력 또한 재발했습니다. 학교 측은 더는 감당할 수 없다고 판단해 학교폭력 최고 징계인 강제 전학 조치를 내렸습니다.

아내와의 외식을 마치고 귀가하던 길이었습니다. 한동안 소식이 없던 영철이에게 전화가 걸려 왔습니다. 풀이 죽은 목소리로 전화를 한 영철이는 전학 간 학교에서 사고를 쳤는데 그 정도가 커서 소년보호재판을 받고 소년 보호시설로 가게 되었다는 것이었습니다. 조 경위는 자신이 도와줄 수 있는 범위를 벗어난 상황이 안타까웠습니다. 통화를 마친 조 경위는 눈물을 흘렸습니다. 영철이를 더 챙기지 못해서 이런 상황이 온 것 같은 죄책감과 안타까움이 북받친 것입니다.

지난 4월 21일이었습니다. 5년 전에 비해 덩치도 커지고, 오토바이 헬멧까지 썼지만 영철이인 것을 대번에 알아본 조 경위는 반가운 마음에 이름을 부르자 영철이가 덩달아 반가워하며 "안녕하세요, 쌤!"이라며 인사했습니다. 조 경위는 반갑게 인사하는 영철이가 고맙고 미안했습니다. 더 챙겨주지 못하고 끝내 지켜주지 못한 안타까움, 아픈 손가락이었던 영철이를 잊은 적이 없었기 때문입니다.

"다치지 않게 조심해야 한다."

조 경위는 영철이와 헤어지면서 안전 운전을 당부했습니다. 조 경위는 부모 이혼과 가정 해체, 가난과 결핍 등의 불우한 환경에 의해 위기 청소년이 된 아이들, 절망하고 방황하다 비행을 저지른 아이들을 보면 미안합니다. 잘 보살펴 주지도 못한 어른들이 청소년에게 뉘우칠 기회도 주지 않은 채 나쁜 놈이라고 낙인찍는 것이 너무 가혹하기 때문입니다. 따뜻하게 위로하고 안아주면 언젠가 돌아온다고 믿는 조 경위는 오토바이 배달을 하며 열심히 살아가는 영철이가 고마웠습니다.

따뜻한 위로자가 필요해요

성호(16세)는 1년 전에 조 경위에게 붙잡혔습니다. 물건을 훔치다 달아난 자신을 붙잡은 경찰이니 미웠을 텐데 오히려 조 경위를 삼촌이라고 부릅니다. 자신을 따뜻하게 대해 주었기 때문입니다. 따뜻한 위로를 받아본 적이 별로 없었기 때문에 조 경위의 위로를 잊을 수가 없었던 것입니다.

소년보호재판을 받고 보호 시설에 갔다 온 성호는 최근에 조 경위, 아니 삼촌에게 안타까운 소식을 전했습니다. 보호 시설에 갔다 온 뒤 사고를 치지 않으려고 마음을 먹긴 했지만 마음대로 되지 않아서 또다시 사고를 치고 이날(4월 24일) 소년분류심사원에 들어가게 되었다는 것입니다. 자기의 잘못을 뉘우친 성호는 죄의 값을 치르고 돌아오겠다면서 삼촌에게 아래와 같은 인사말을 보내왔습니다.

삼촌이 편지 자주 써주셔서 많은 힘이 되었어요. 진짜 편지를 받는 순간 너무 행복했고 그 편지 덕분에 그 힘든 곳에서 버틸 수 있었어요. 그랬던 저는 나와서 절대 사고 치지 않고 학교 다니며 살겠다고 다짐했는데 막상 나와 보니 생각대로 되질 않아서 너무 힘들고 속상했어요. 저는 오늘 또다시 들어가요. 솔직히 가고 싶지 않았어요. 근데 삼촌이 계속 걱정해 주시고 끝까지 제 마음을 잡아주셔서 이렇게 마지막 편지를 남기고 가게 되었어요! 삼촌이라 부르는 것도 그만큼 정이 생겨서 이렇게 부르게 되었는데 첫 만남이 그립네요. 그때로 돌아가서 멈췄더라면 이렇게까지 되지는 않았을 텐데…. 제가 저지른 일은 다 벌 받고 올게요. 제 마음 바뀌게 도와주셔서 감사하고 잊지 않을게요. 저 오늘 심사원으로 가요. 항상 감사하고 죄송했어요. 사랑해요.

엄벌(嚴罰)은 응징의 힘이 있긴 하지만, 사람을 변화시키는 힘은 별로 없습니다. 반면 따뜻한 위로는 별 힘이 없는 것 같지만, 실은 사람을 변화시키는 놀라운 힘을 가지고 있습니다. 조 경위는 위기 청소년들을 당장에 변화시키진 못했습니다. 하지만 위기 청소년들은 그에게서 따뜻한 위로를 받으면서 잘못을 뉘우쳤습니다. 물론 성호는 재비행의 잘못을 저질렀지만, 철이 들고 나이가 들어 삶을 깨닫는 언젠가는 조 경위의 따뜻한 위로를 기억하면서 죄의 사슬에서 벗어날 것입니다. 방황하던 탕자가 아버지에게 돌아온 것처럼….

위기 청소년의 문제를 다 해결해 줄 순 없습니다. 하지만 눈물은 닦아 줄 순 있습니다. 소외와 차별로 상처받은 아이들을 진심으로 위로해 주면 아이들은 그 사랑을 가슴 깊이 새깁니다. 반면에 엄벌과 비난으로 격리하고 외면하면 분노와 증오를 품습니다. 그러므로 조우진 경위의 따뜻한 위로를 실적으로 잡을 순 없지만 가장 좋은 범죄 예방법인 것은 사실입니다. 위기 청소년들은 자신을 위해 눈물 흘려준 조 경위의 눈물과 가슴 따뜻하게 안아준 품을 잊지 못할 것입니다. 아이들이 아픔의 청소년기를 보내고 건강한 시민으로 돌아올 것을 저 또한 믿습니다.

조 경위가 소년희망센터에 찾아온 까닭

지난 11월 30일, '소년희망센터' 건립에 참여했던 인천남동경찰서 조우진 경위가 '소년희망센터'에 찾아왔습니다. '소년희망센터'는 조 경위를 비롯해 청파감리교회(담임목사 김기석), 임진성 변호사, 독립운동가 후손 차영조 선생, 박종선 민족문제연구소 부천 지부장, 인천 부천 검정고시 동문회 등의 참여로 지난해 11월 부천역 뒷골목에 만들어졌습니다. '소년희망센터'는 학교 밖 청소년을 비롯한 소외된 청소년들을 위한 대안 교육·문화 스포츠 공간으로 정부의 도움 없이 운영하는 비영리 민간 기관입니다.

'소년희망센터'는 2019년 한 해 동안 경기도 교육청(교육감 이재정)이 위탁한 학교폭력 가해 학생 282명, 인천가정법원(법원장 최복규)이 위탁한 보호 소년 142명 등 모두 424명에게 회복적 생활 교육 등의 프로그램을 실시했습니다.

그와 점심을 먹었습니다. 직접 끓여 먹는 양푼 김치찌개에는 돼지고기 덩어리가 들어 있었습니다. 김치찌개가 보글보글 끓었습니다. 의좋은 형제처럼 돼지고기 한 점이라도 더 먹으라고 서로 권하면서 얼큰한 국물에 밥을 말아 먹었습니다. '조우진' 경위와 제 이름 '조호진'이 엇비슷해서인지 형제냐고 묻는 분들이 더러 있습니다.

친형제는 아닙니다. 하지만 서로 호형호제하는 사이입니다. 무엇보다 더 중요한 것은 위기 청소년을 돕는 동역자라는 것입니다.

식사를 마치고 식당을 나와 겨울 햇볕을 쬐며 이런저런 이야기를 나누다가 조 경위의 이야기에 가슴이 울컥거렸습니다.

제가 오늘 찾아온 것은 기부금 때문입니다. 저는 지난해 8월, 경찰이 된 지 20여 년 만에 지구대에 근무하게 됐습니다. 지구대는 야간근무가 힘든데 그보다 더 힘든 것은 악성 민원인과 주취자(취객) 그리고 사건 관련자 등으로부터 모욕적인 말을 듣는 것입니다. 까닭 없이 모욕당할 때면 '이런 말을 들으려고 경찰이 됐나?' 하는 자괴감이 듭니다. 한편으론 경찰에 대한 불신이 작용했을 거라는 생각에서 '주민들에게 더 신뢰받는 경찰이 되어야겠다!'라고 다짐했습니다. 그래서 지난해 10월 21일 경찰의 날을 맞아 칭찬받는 경찰이 되기 위한 실천을 모색했습니다. 그렇게 시작한 게 '칭찬 기부'입니다. 주민들에게 칭찬을 들을 때마다 1회에 1,000원씩 모았습니다. 칭찬 기부를 하기 전에는 칭찬이 적었는데 마음먹고 시작했더니 칭찬이 늘어났습니다. 주취자를 집까지 모셔다드리고, 길 잃은 어르신의 집을 찾아드리고, 경로당을 방문해 춤과 노래로 즐겁게 해드리고, 보이스 피싱과 무단 횡단 예방 활동 등의 민생치안 활동을 했더니 주민들이 국민신문고에 칭찬의 글을 올리겠다고 했습니다. 뜻은 고맙지만 말렸습니다. 경찰이 당연히 해야 할 일인데 칭찬에 맛을 들이면 본연의 임무가 자칫 칭찬받기 위한 일로 변질될 수도 있어서 주의했습니다.

칭찬 기부의 의도성을 피하고 싶어서 횟수를 일일이 세지 않고 매월 5만 원씩 모았습니다. 2019년 1월부터 12월까지 열두 달을 모았더니 60만 원의 후원금이 모였습니다. 적은 후원금을 어떻게 전하지? 고민하다 용기를 내어 찾아왔습니다. '소년희망센터' 후원 계좌를 알려주시면 바로 보내겠습니다. 그리고 어게인 송년 파티에 불러주십시오. 파티가 비번에 열리면 좋고, 만일 근무 날이면 휴가를 사용해서라도 송년 파티 사회를 보겠습니다.

나는 그대가 좋습니다.
김치찌개보다 좋습니다.
따뜻한 그대는 김치찌개보다
진하고 얼큰해서 마음이 붉어집니다.
겨울보다 길고 혹독한 인생을
따뜻한 그대 없이 살아간다는 것은
낙타 없이 사막을 건너는 것이어서
맨몸으로 겨울을 나겠다는 것이어서
나는 따뜻한 그대를 그리워하는 것입니다.

_ 졸시, 〈따뜻한 그대〉

참고로 말씀드리면 조 경위는 최고의 사회자입니다. 그를 최고의 사회자라고 표현하는 것은 그의 뛰어난 진행 솜씨를 여러 번 봤기 때문입니다.

그는 '위기청소년의 좋은친구 어게인'이 주최한 해피 크리스마

스 파티, 미혼모 아기 돌잔치, 소년 희망 봄 파티 등의 행사에서 사회
자로 재능 기부하면서 참석자들을 즐겁게 했습니다.

봉사 단체 '레크 사랑나눔회' 회장인 그는 2009년 레크리에이션
과 웃음 치료 자격증 취득 이후 보육원과 노인 복지관, 지역 아동
센터와 요양원 등에서 웃음을 나누어주었습니다.

특히 인천농아인협회가 주관한 '사랑의 수화 한마당' 행사를 4년
동안 진행하고, 인천 외국인 인력 지원 센터의 체육회와 송년회 등
에서 재능 기부 사회자로 활동하면서 인천시 사회복지협의회장상
을 타기도 했습니다.

2019년, 힘든 일도 있었지만 좋은 일도 있었습니다. 때론 나쁜
이웃들로 우리의 삶이 힘들었으나 봄볕처럼 따뜻한 이웃들 덕분에
희망의 끈을 놓지 않았습니다.

올해도 어김없이 경찰과 관련된 여러 이야기가 뉴스에 등장했습
니다. 나쁜 경찰이 뉴스에 등장했을 때는 실망과 불신을 표출했다가
도 좋은 경찰의 선행 이야기를 들을 때면 민중의 지팡이에 대한 믿음
을 포기하지 않게 됩니다. 얼큰한 김치찌개 때문인지 아니면 조 경
위의 따뜻한 마음 때문인지 저무는 한 해가 훈훈했습니다.

2019년 12월 10일 편지

합쳐서 신장 두 개인 부부 이야기

사회적 협동조합인 소년희망공장 1호점을 3년 만에 흑자로 전환시킨 아내는 요즘 미혼모 자립 일터인 소년희망공장 3호점 오픈을 앞두고 몹시 바쁩니다.

'코로나로 인해 자영업이 더 위기에 처한 상황에서 과연 살아남을 수 있을까?'

걱정이 많은 아내는 몸이 아파 끙끙대면서도 쉬지 못합니다. 어깨가 아프다고 해서 만졌더니 돌덩이처럼 굳었습니다. 종아리는 탱탱 부었습니다. 어깨와 다리를 한참이나 주물렀습니다. 제가 할 수 있는 일은 고작 이런 것입니다.

아내가 위험합니다

장사의 '장' 자도 모르는 아내가 위기 청소년을 살려야 한다는 생각 하나로 장사에 뛰어들었습니다. 장사에 뛰어든 3명 중 2명은 망하고 겨우 1명만 살아남는 자영업 시장에서 살아남을 수 있었던 것은 여러 사람의 도움도 컸지만, 가장 큰 요인은 아내의 성실성과 책임감 덕분이었습니다.

어제(6월 25일)는 밤 11시경 귀가해 씻자마자 쓰러진 채로 잠들었다가 새벽에 일어나 출근했습니다. 이렇게 생활한 지도 어느덧 5년째입니다. '소년희망공장'을 2016년에 만들었습니다.

아내가 보살피는 아이들은 부모가 없거나 엄마가 없거나 아동학대와 가정폭력 피해자이거나 품행 장애와 분노 조절 장애를 앓는 우울증 환자이거나 부모와 가족마저 외면한 위기 청소년과 반지하 단칸방에서 아이를 키우는 미혼모이거나 소년원 출신 미혼모이거나 분유와 쌀이 떨어져서 애태우던 보육원 출신 미혼모입니다. 이들은 누구도 잘 믿지 않습니다. 자신을 낳아준 엄마와 아빠도 자신을 버리고 떠났으니 이 세상 누구를 믿을 수 있겠습니까.

'이 사람이 왜 우릴 돕지? 우릴 이용하려는 것 아냐?'

아이들의 의심과 불신은 어쩌면 당연합니다. 정글 같은 세상에 맨몸으로 내던져진 아이들은 살아남기 위한 투쟁에 나섭니다. 그러고는 자신들을 이용하는 나쁜 어른들에게 많은 상처를 입습니다. 불쌍한 척 여기면서 던지는 값싼 동정과 외면, 노동력을 착취하거나 아르바이트 비용을 떼먹거나 자신들을 이용하는 나쁜 어른들로 인해 이 세상을 분노와 증오의 시선으로 바라봅니다.

그랬던 아이들이 아내의 오래 참음과 기다림 그리고 한결같은 사랑에 마음을 열었습니다. 하루 이틀이었다면 마음을 열지 않았을 것입니다. 도와주는 척만 했다면 아이들은 속지 않았을 것입니다. 자신들이 손해를 봤다면 아이들은 뒤통수치고 떠났을 것입니다.

그런데 속이면 속아주면서 손해 보는 아내의 바보 같은 짓에 아이들이 당황해했습니다. 절망과 좌절의 늪에서 뒹굴던 아이들이 자신도 모르게 희망의 땅에 발을 디딘 것입니다. 아내의 바보 같은 짓에 당한 것입니다.

자본주의에서 정의는 생존입니다. 아무리 선한 일을 한다고 해도 망하면 끝입니다. 소년희망공장 1호점에선 다섯 명의 위기 청소년이 일하고 있고, 곧 오픈 예정인 3호점에선 미혼모 포함해 다섯 명이 일할 예정입니다. 어게인에서 일하는 사람 모두를 포함하면 20여 명 정도 됩니다.

아내는 인건비와 월세를 책임져야 하고, 위기 청소년 무료 급식소 밥값을 마련해야 하고, 위기 청소년 교육·문화·스포츠 공간인 '소년희망센터'를 운영해야 합니다. 제가 거들긴 하지만 아내의 십자가가 훨씬 무겁습니다. 무거운 짐 때문에 아내가 또 쓰러질까 봐 걱정인 까닭입니다.

아내는 3년 전 과로로 쓰러졌습니다. 쓰러지면서 뼈를 다치는 바람에 두 달 동안 목발 신세를 졌습니다. 아내는 모처럼 쉬면서도 그냥 쉬지 아니하고 북한 어린이에게 보내는 목도리 뜨는 일에 정성을 쏟았습니다. 그러고는 깁스를 풀자마자 또다시 새벽부터 밤늦게까지 일하고 있습니다.

이 일을 제가 벌였으니 그만두라고 할 수도 없습니다. 지친 몸으로 귀가해 쓰러진 채로 잠들었다가도 새벽이면 오뚝이처럼 일어나는 아내. 하지만 지친 안색에 놀란 지인들이 "그러다, 큰일 난다!", "또 쓰러지면 어쩌려고 그러느냐!" 만류하지만 현 상황에선 쉴 형편이 못 됩니다.

아내에게 시로 청혼했습니다

홀로였던 내가
홀로였던 그대
쓸쓸했던 신발을 벗기어
발을 씻어주고 싶습니다.
그 발아래 낮아져
아무것도 원치 않는
사람이고 싶습니다.
그대 안온한 잠을 밝히는
등불이 되어
노래가 되어

_ 졸시, 〈가난한 청혼〉

아내는 바보입니다. 어려운 지인을 돕기 위해 자기 아파트를 담
보로 대출해 돈을 빌려주었다가 떼였습니다. 웬만한 아파트 한 채
값입니다. 또 다른 지인에게 또 속아 큰 피해를 당한 아내는 "돈이
속였지 사람이 속였겠느냐!"라며 웃어넘깁니다. 아내는 바보이긴
한데 통 큰 바보입니다. 교회에서든 지역에서든 어디에서든지 간에
아내 주변으로 사람이 모이는 것은 자기 잇속보다 상대를 배려하는
넉넉함과 어려운 이웃을 보면 도와주지 못해 안달하는 오지랖 때문

입니다. 남이라면 저 또한 덕담하며 칭찬하겠지만 내 아내이다 보니 속상할 때가 있습니다. 손해 보는 일 좀 이제 그만했으면 하다가도 그 오지랖에 가장 큰 혜택을 본 사람이 저인지라 말리지 못하고 속앓이할 뿐입니다.

저는 아들 둘을 둔 홀아비였습니다. 가난한 데다 가방끈까지 짧았습니다. 반면에 아내는 가방끈도 길고, 근검절약으로 재산도 제법 모았고, 사회적 위치와 영향력도 커서 저와 같은 홀아비가 넘볼 사람이 아니었습니다.

그런데 사랑의 다리에서 아내를 만났고, 한눈에 반했습니다. 제 처지를 생각하면서 포기하려고 했지만 좋은 걸 어떡합니까. 외로운 걸 어떡합니까. 그래서 시 한 편으로 청혼했습니다. 아내는 "두 아들을 목숨처럼 지키면서 잘 키운 것을 보니 우리의 사랑도 잘 지킬 것을 믿는다!"며 저의 청혼을 받아주었습니다. 사랑 외에는 아무것도 따지지 않고 승낙한 아내로 인해 저는 구원받았습니다. 그리하여 지난 2006년 딸 하나를 둔 아내와 새 가정을 꾸리면서 우리는 다섯 식구가 됐습니다.

"우리끼리 잘 먹고 잘살지 맙시다!"

이렇게 맹세하지 말았어야 했습니다. 그런데 이혼과 파산의 고통이 기나길었고, 눈물의 세월이 아득했기에 새 가정을 주신 축복을 거저 누릴 수가 없었습니다. 이 고통에서 벗어나게만 해 주신다면 저를 버리고 신의 뜻대로 살겠다고 서원한 바도 있어서 그냥 넘어갈 순 없었습니다. 그래서 아내와 재혼하면서 이런 맹세를 했는데 하고 보니 제법 폼이 나는 맹세였습니다. 그런데 그 맹세는 폼이 나는 것으로 끝나지 아니하고 우리 부부의 삶을 가시밭길로 인도했습니다.

'사랑의장기기증운동본부' 초대 사무국장 출신으로 이주 노동자·다문화 단체인 '지구촌사랑나눔' 이사, '한국조혈모세포은행' 홍보부위원장 등을 맡은 아내는 30년 넘게 공익 활동해온 비영리 민간단체 전문가입니다. 지금은 '소년희망공장'과 '소년희망센터'를 운영하는 비영리 민간단체 '어게인' 대표로 활동 중입니다. 어게인 설립은 제가 벌인 일입니다. 서원하고 맹세한 대로 살기 위해 가정법원이 위탁한 보호 소년과 함께 살았지만, 뜻대로 되지 않았습니다. 좌절감에 빠진 저는 아내에게 도움을 청하면서 십자가를 떠넘겼습니다.

저는 어게인에서 자칭 '소년희망배달부'로 일합니다. 소년희망배달부의 주요 임무는 '소년희망공장'과 '소년희망센터'를 청소하고, 미혼모에게 분유와 기저귀 등을 배달하고, 쓰레기를 치우는 것입니다. 이외에도 글쓰기를 통해 후원금을 모으는 일도 합니다. 어떤 사람들은 저에게 "훌륭한 일을 한다!", "좋은 일을 한다!"라고 칭찬하지만 언감생심(焉敢生心)입니다. 실패한 인생을 일으켜주신 은혜를 생각하면 잘했다고 공치사할 것이 없습니다.

대다수 부부 신장을 합치면 모두 4개인데 우리 부부의 신장은 합쳐도 모두 2개입니다. 신장은 남아도 부족해도 문제입니다. 그런데 우리 부부의 신장은 합쳐서 두 개입니다. 중학생 때부터 신우신염(세균이 신장을 침범하여 감염을 일으키는 병)을 앓았던 아내의 오른쪽 신장은 기능이 정지된 상태이고, 제 왼쪽 신장은 만성신부전(노폐물을 제거하는 신기능이 정상으로 회복될 수 없는 질환)을 앓던 생면부지의 청년에게 2007년 이식됐습니다. 깨진 가정을 회복시켜 주신 것이 감사해서 신께 서원한 대로 생명을 나누었습니다.

신장을 기증한 지 어느덧 13년이란 세월이 흘렀습니다. 원래 약골이라 종종 몸살을 앓긴 하지만 큰 병을 앓은 적 없으니 크게 손해 본 것이 없습니다. 오히려 이득을 보고 있습니다. 가방끈은 짧고, 돈도 벌지 못하고, 높은 자리에 앉아 본 적도 없는 제가 부귀와 권세를 누리는 이들도 하지 못하는 일, 부모와 사회로부터 버림받은 아이들을 살리는 일을 하고 있으니 놀랄 일입니다. 제가 이런 인생을 살 줄은 꿈에도 몰랐습니다. 그것은 제게 이런 능력이 없었기 때문입니다. 그러므로 내가 한 것이 아닙니다. 겸손해서 드리는 말씀이 아닙니다.

그러므로 아내여, 우리 다시는 아프지 맙시다. 실패한 인생으로 고통스러운 시절이 있었으나 그로 인해 서로를 더 긍휼히 여기며 사랑하며 살고 있으니 우리 다시는 아프지 맙시다. 멀리 아프리카에 사는 큰아들은 결혼시켰으니 박사 논문 준비 중인 딸(32세)과 대학원 재학 중인 막내아들(29세)을 결혼시키고 줄줄이 태어날 손자들도 돌봐야 하니 몸이든 마음이든 아프지 맙시다. 건강하고 씩씩하게, 웃으면서 행복하게 살면서 3남매 가정이 사랑으로 뿌리내리도록 우리 오래 사랑합시다.

사랑하는 아내에게

사랑하는 아내여, 제게 바람이 있다면 제가 먼저 떠나는 것입니다. 그대는 홀로 오래 남지 말고 뒤따라오면서 앞서거니 뒤서거니

본향 가면 좋겠습니다. 아프지 말고, 아프지 말고, 아프지 말고….

가슴으로 낳은 두 아들을 잘 키운 아내여! 부모와 사회로부터 버림받으면서 우주의 미아로 떠도는 아이들, 자신을 버린 부모와 세상을 분노하고 미워하면서 누구든 마구 찌르는 아이들에게 당해 주는 그대는 바보입니다. 속이면 속아주고, 찌르면 찔리면서 "우리 마저 손을 놓으면 이 아이들이 어떻게 살겠느냐!"라며 당하고 또 당해 주는 그대로 인해 위기 청소년과 미혼모들이 절망을 버리고 희망을 품습니다.

그대가 그토록 사랑하는 이는 예수입니다. 그냥 예수가 아니라 바보 예수입니다. 그 예수가 "나도 당했는데 너희들이 어찌 당하지 않겠느냐, 당하지 않으려고 몸을 사린다면 너는 나와 상관이 없다. 죄 많은 너희들을 내가 용서했으니 너희들도 용서받은 것처럼 저 아이들을 용서하라!"고 신신당부했고, 그대는 바보 예수의 가르침 대로 살려고 애씁니다. 그런데 바보 아내여, 버려진 아이들을 거두는 일이, 찌르면 찌르는 대로 찔리는 일이 말과 글처럼 쉬운 일이라면 얼마나 좋겠습니까.

힘은 안 들고 폼만 나는 일이라면 세상 사람 누구인들 하지 않겠습니까. 심지어 돈까지 된다면 "내가 하리라! 저리 비키라!"라고 달려들지 않겠습니까. 어떤 선한 사람들은 아이들을 품으려고 했습니다. 아동학대와 가정폭력 피해자인 아이들이 짠해서 품는다고 해도 몇 번 찔리고, 털리고, 뒤통수 맞으면 손 뗄 수밖에 없습니다. 제가 그런 사람 가운데 한 사람입니다.

버림받은 상처로 뒹구는 아이들을 사랑하는 일은 결코 말과 글처럼 쉬운 일이 아닙니다. 그러므로 찌르면 찔려 주고, 속이면 속아 주고, 당하면서도 바보처럼 웃는 그대를 따르겠습니다. 지치고 힘들면 짜증도 내고, 갈 길이 너무 멀어서 그만 포기하고 싶다고 징징대면서 그대를 따르겠습니다.

　　그대의 바보 같은 사랑으로 인해 이 길을 갑니다. 고맙습니다.

2020년 6월 24일 편지

천종호 판사님께 부치는 편지

발싸개 2개, 손 싸개 2개, 속싸개 1개, 배냇저고리 3벌, 턱받이 1개, 거즈 손수건 3개, 갓난아이 베개 1개, 애착 인형 1개, 신생아 목욕통 1개, 아기 흔들의자 1개.

미혼모 서희(21세)가 지난 8월 18일 저녁 8시 51분에 사내아이를 낳았습니다. 어제 아침엔 출근하자마자 서희에게 선물할 신생아 용품을 정리했습니다. 이 출산 용품은 부천시의회 박찬희 의원님을 통해 기증받은 것입니다. 기증자는 서희를 비롯해 여러 명의 미혼모에게 수제로 만든 신생아 용품 세트를 기증했습니다. 정성껏 만들어 기증한 출산 용품이 혼자 아기 낳는 산모의 서러움을 조금은 달래줄 것이란 생각이 들었습니다. 그러함에도 혼자 아기를 낳는 것은 견디기 힘든 서러움일 것입니다. 그래서 미혼모와 아기를 축복해달라고 기도했습니다.

하나님 아버지!
아기 아빠와 친정 엄마도 없이 아기를 낳은 미혼모이니 더 위로해

주시고 축복해 주세요. 엄마가 있었으면 좋았을 텐데 엄마는 어릴 적에 떠났고 외로움을 달래려고 만난 사내는 온데간데없이 사라졌습니다. 이 막막한 세상을 혼자 떠돌다 소년원까지 갔다 온 의지할 곳 없는 미혼모가 혼자 아기를 키우기엔 힘든 세상입니다. 한 아이를 키우려면 온 마을이 필요한데 스물한 살 미혼모 서희에게는 아무리 봐도 없는 것뿐이니 우리가 큰엄마와 큰아빠, 할머니와 할아버지, 이모와 삼촌이 되게 해 주시고 온 마을이 되어 아이를 키우게 해 주십시오. 혼자 아이를 키우다 지쳐서 아이를 포기하는 일이 없도록 손잡게 해 주십시오.

서희는 산후조리하고 아기를 어느 정도 키운 뒤에는 제가 활동하는 '위기청소년의 좋은친구 어게인'이 운영하는 사회적 협동조합 소년희망공장에서 일하면서 아기를 키울 예정입니다. 미혼모 서희가 자립을 통해 건강한 삶의 주인공이자 좋은 엄마로 거듭날 수 있도록 기도해 주시고 응원해 주시길 부탁드립니다. 미혼모는 우리가 함께 보듬어야 할 이웃이니까요.

임신한 소년범에게 배냇저고리를 선물한 판사님

tvN의 〈유 퀴즈 온 더 블럭〉 63화 "정의란 무엇인가" 편에 출연한 천종호 판사님을 보고 반가웠습니다. 가장 기억에 남는 장면은 유재석 씨가 소년보호재판 중에 가장 기억에 남는 사건에 대해 질문하고 판사님이 답변한 것입니다. 판사님은 이런 이야기를 들려주셨습니다.

법정에 선 소녀는 소년원에 장기(2년 이내) 송치하는 10호 처분 대상이었습니다. 문제는 소녀가 임신한 상태였고 또한 문제는 임신한 소녀가 지내기에 소년원은 적절하지 않다는 것입니다. 그 소녀는 성매매 중에 잘못된 임신을 했으니 낙태할 수 있도록 선처를 베풀어 달라고 요청했는데 판사님이 사실 여부를 알아보니 남자 친구와의 관계에서 임신한 것으로 거짓말이었습니다(소년범 중엔 무거운 처분을 피하려고 일부러 임신하는 경우도 간혹 있다고 합니다).

소녀에게 선처를 베풀면 불법 낙태를 묵인하게 되는 상황, 판사님은 한 달 동안 잠을 제대로 못 잘 정도로 고심한 끝에 법관의 양심에 따라 10호 처분을 내렸습니다. 하늘이 주신 천하보다 귀한 생명을 죽이는 불법 낙태를 방조할 수 없었던 것입니다. 10호 처분받은 소녀는 여자 소년원에서 지내야만 했고, 소녀가 임신 9개월이던 무렵 소년원에서 연락이 왔는데 소녀가 출산할 수 있도록 처분 변경(석방)을 요청한 것입니다. 처분 변경을 위한 재판에서 소녀에게 준비한 배냇저고리를 전달했고, 법정에 있던 사람들은 가슴 아프고 따뜻한 장면에 눈물 흘렸습니다.

많은 시청자와 네티즌들이 판사님 이야기에 감명받았습니다. '피오나징'은 유튜브 영상에 남긴 댓글에서 "아침부터 눈물 쏟네요. 한 달을 잠도 못 주무실 정도로 판결 내고 얼마나 힘드셨을지"라고 했고 천종호 판사님이 롤 모델이라고 밝힌 '뚜비닝닝'은 "중학교 3학년 때 유튜브로 재판하시는 거 접하면서 법 관련 꿈을 키웠다"면서 "고3 때 현실에 부딪쳐 다른 과에 재학 중이지만 제 학창 시절은 천종호 판사님께서 만들어진 추억과 경험들이 가득하답니다. 판사님은 제가 정말 존경하는 분"이라고 밝혔습니다.

판사님의 길을 따르고 싶은데 실패 연속입니다

판사님을 처음 뵌 게 2014년이니 그새 7년이란 세월이 흘렀습니다. 당시 저는 판사님이 만든 '사법형 그룹홈'(소년범의 재비행 방지를 위해 만든 공동생활가정) 소식을 듣고 서울가정법원이 위탁한 소년들을 보호하는 사법형 그룹홈과 어게인이란 단체를 만들었습니다. 수도권 최초의 사법형 그룹홈이었지만 1년도 못 돼 문 닫고 말았습니다. 아이들을 사랑으로 품으면 될 줄 알았는데 그게 아니었습니다. 보호하던 아이들이 다 도망가면서 텅 빈 집이 됐습니다.

부모와 사회로부터 버려진 아이들을 사랑할 수 있다고 생각했는데 아니었습니다. 버려진 아이들을 거두고 그 상처를 아물게 해서 삶의 주인공으로 거듭나게 하겠다고 큰소리쳤는데 7년째 실패의 연속입니다. 손을 잡으면 뿌리치고, 밥을 주어도 감사한 줄 모르고, 희망을 주면 절망을 토해내는 아이들, 온갖 거짓말과 반사회적 행동으로 뒤통수를 치는 아이들에게 당한 저는 이 바닥을 떠나고 싶었습니다. 사랑 없는 내가 무슨 사랑을 한다고, 잘못 선택한 길에서 너무 오래 헤매는 것은 아닌가?

유퀴즈 방송 이후 천종호 부장판사님께 안부 문자를 드렸더니 곧바로 전화를 주셨습니다. 판사님의 전화를 받고 설움에 북받친 것처럼 누구에게도 말하지 못했던 속내를 털어놓았습니다. 아이들을 사랑하는 게 너무 힘들다고, 사랑은커녕 밉고 화날 때가 많다고, 실패 연속의 길을 걸었다고, 쉬지도 못하고 달려왔다고, 심신이 지쳤다고 했더니 판사님은 흉보지 아니하고 그 마음을 안다고, 얼마나 힘들었냐고 공감하며 위로해 주셨습니다. 거리가 가까웠으면 긴 밤 지새우며, 아픔을 토로하며 판사님의 위로와 기도를 받고 싶었지만 그럴 수가 없어서 시를 썼습니다.

사랑을 그렇게 쉽사리
말하고 호언장담했지만
막상 사랑은 괴로웠습니다.
사랑의 길은 달콤한 길이 아니라
찔리고 또 찔리는 가시밭길이므로
누구도 쉽사리 가지 않으려는 길에서
상한 이웃을 사랑하다 상하는 길에서
만신창이 가슴을 위로해주는 동역자여
그대의 위로가 나의 눈물이 되었습니다.
찔리고도 덜 아픈 것처럼 보듬어 주시는
그대 사랑에 힘입어 가야 할 길 다시 갑니다.

가난한 목수의 아들 천종호 판사님의 호소

나의 아버지는 가난한 목수였습니다. 아버지의 일이 끊기면 끼니도 때우기 힘들었습니다. 목수의 아들이 판사가 되고 싶었던 것은 가난의 억울함을 벗고 싶어서였습니다. 가난하다는 이유만으로 수치심을 당하고, 억울함을 당해도 호소할 곳조차 찾지 못하는 이웃 속에서 자랐습니다. 미련할 정도로 악착같이 고시 공부를 한 것은 아버지와 같은 약자를 돕고 싶어서였습니다. 그런데 판사가 되자마자 다 잊어버렸습니다. 돈 잘 버는 변호사가 되기 위한 인맥을 쌓으려고 밤이면 술자리를 쫓아다녔습니다. 그러다 소년보호재판을 맡으면서 고시생 시절의 다짐이 생각났습니다. 소년 전담 판사가 된 것을 하늘의 뜻이라고 생각합니다.

가난한 부모 형제를 돕기 위해 돈 많이 버는 변호사가 되려고 했다가 하늘의 뜻으로 소년 판사가 된 천종호 판사님, 법관의 권위에 갇힌 판사가 아니라 우는 이들의 눈물을 닦아주는 판사님, 사회가 비행 청소년에게 비난의 돌팔매질을 하면 "너희들의 잘못만은 아니야. 우리 어른의 잘못이야. 아이들아, 미안하다"라고 사과하신 판사님은 비행 청소년의 사회구조적 문제를 이렇게 진단했습니다. 얼마나 정확한 진단인지 사회를 고치는 의사라는 생각까지 들었습니다.

소년범들은 아픕니다. 이 아이들은 아파도 아프다고 소리 지르지도 못합니다. 비명도 들어줄 사람이 있어야 지르고, 도움도 손 내밀어줄 사람이 있어야 청합니다. 재비행을 막으려면 따뜻한 가정이 필요한데 부모의 이혼, 사망, 행방불명, 방치 등의 이유로 버려진 아이들은 오갈 곳이 없습니다. 이 아이들은 이런 환경을 선택한 적도, 원한 적도 없습니다. 국가와 사회의 존재 이유는 이 때문입니다. 국가는 이 아이들을 보호해야 할 책임이 있고, 사회는 이 아이들을 돌봐야 할 공동체적 의무가 있습니다.

그런데 국가도 사회도 외면하고 있습니다. 이런 환경이 소년범들의 비행 구조화의 원인입니다. 작은 실수조차 용납하지 않는 사회다 보니 경미한 비행이 재비행이 되고, 소년범이 되어 자포자기하고, 범죄의 학습화와 고착화를 거치면서 성인범이 됩니다. 구조적인 악순환입니다. 문제아로 태어난 아이는 한 명도 없습니다. 아이들 보다는 낙인찍고, 외면하고, 격리하는 방법으로 문제를 덮으려는 사회가 더 큰 문제입니다.

판사님은 그러면서 소년 범죄를 줄이는 최고의 방법은 처벌과 격리가 아니라 용서와 관용이라면서 잘난 사람과 못난 사람이 함께 살아갈 수 있는 공동체 사회를 만들어야 한다면서 이렇게 호소했습니다.

자연의 숲에는 간벌(間伐)이 이루어집니다. 비싼 재목을 만들기 위해 방해되는 나무들은 솎아내는 것입니다. 하지만 인간의 숲은 간벌할 수 없을 뿐만 아니라 그래선 절대 안 됩니다. 강자를 위해 약자를 간벌하면 우리 사회는 심각한 위기에 직면하게 됩니다. 잘난 사람이나 못난 사람이나 함께 살아야 하는 곳이 인간의 숲입니다. 구조화되는 소년 범죄를 줄이는 최고의 방법은 처벌과 격리가 아니라 용서와 관용입니다. 위기 청소년도 대한민국 청소년입니다.

만사 소년 천종호 판사님의 복귀를 기다리면서

천종호 판사님!

저는 이 길을 걷기엔 부족한 사람입니다. 그렇지만 이 길을 포기하지 않겠습니다. 아이들의 반사회적 행동에 화가 나고, 속상하고, 괴롭지만 이 길을 끝끝내 걷겠습니다. 누가 이 아이들 곁에 있겠습니까. 누가 이 아이들의 손을 잡아주겠습니까. 저의 가슴은 상처투성이 아이들을 품기엔 좁은 가슴이지만 그래도 이 아이들을 위해 흘릴 눈물이 남았으니 이 길을 걷겠습니다. 버려지고 상한 아이들에게 희망 한 톨이라도 건넬 수 있다면 그것으로 저는 족하겠습니다. 이 아이들을 위해서라면 청소든 배달이든 뭐든 하는 '소년희망배달부'로 낮은 곳에서 살고 싶습니다.

저야 본디 밑바닥 출신이니 낮은 곳이 당연하지만, 판사님은 부귀영화를 충분히 누릴 수 있는데도 가시밭길을 선택하셨습니다. 저는 천종호 판사님의 외로움과 힘겨움을 모르지 않습니다. 높은 곳엔 높은 이들의 시기와 질투가 있고, 낮은 곳엔 낮은 이들의 욕심과 모함이 있기 마련이어서 판사님이 선택한 길은 영광의 길이 아닌 상처의 길이라는 것을 저는 모르지 않습니다. 그런데도 판사님은 가시밭길을 묵묵히 걷습니다. 모두가 높은 곳을 향하는데 판사님은 좁고 낮은 길을 향해 걷습니다.

> 좁은 문으로 들어가라. 멸망으로 이끄는 문은 넓고 그 길이 널찍하여서, 그리로 들어가는 사람이 많다. 생명으로 이끄는 문은 너무나도 좁고, 그

길이 비좁아서, 그것을 찾는 사람이 적다(마 7:13-14).

판사님은 "퇴임할 때까지 소년 판사, 만사 소년이고 싶다"라고
하셨습니다. 자나 깨나 소년들을 생각하는 만사 소년(萬事少年)으로
살겠다는 판사님의 다짐을 새삼 기억하면서 소년 판사로 원대 복귀
하길 소망합니다. 인사 발령으로 소년 판사의 길에서 떠난 판사님이
속히 돌아오시길 소망하는 것은 죄인들을 심판할 판사는 많지만,
불쌍한 소년들의 눈물을 닦아줄 판사는 그리 많지 않기 때문입니다.
가난한 아이들, 버려진 아이들, 세상이 미워하는 아이들을 사랑하
는 천종호 부장판사님을 다시 뵙는 날까지 강건하시길 빌면서 판사
님께 바쳤던 졸시 한 편을 읽습니다.

누구도 편들지 않고
아무도 돌보지 않는
소년범의 편이 된 사람
엄벌과 권위의 법정에서 내려와
용서와 관용으로 죄를 씻겨준 사람
낙태로 지워질 미혼모의 생명을
배냇저고리로 살린 생명의 사람
오갈 곳 없어 떠돌다 죄가 된 아이들
바람막이가 되고 집이 되어준 그 사람

가정에선 학대당하고

학교에서 소외당하고

세상에선 어둠이 된 아이들

그 죄는 아이들의 죄가 아니야

승자독식에 부화뇌동한 우리들의 죄

벼랑에 내몰린 아이들을 떠민 우리들의 죄야

아이들아 미안해 우리가 미안해 우리를 용서해

판사의 권위를 내려놓고 속울음으로 사과한 그 사람

눈이 쌓이면 좋으련만

슬픔만 쌓이는 추운 세상

봄이 오고 꽃이 피면 좋을 텐데

죄와 벌로 꽁꽁 언 겨울 세상을 향해

— 아이들을 용서해야 아픈 세상이 낫습니다.

— 아이들을 사랑해야 봄은 오고 꽃은 핍니다.

사랑과 관용의 법전을 들고 전도하는 소년 판사

순정의 눈망울로 봄을 부르는 만사 소년, 그 사람

_ 졸시, 〈만사 소년, 그 사람 − 천종호 판사님께 드리는 시〉

2020년 8월 19일 편지

우크라이나에 100만 원을 보낸 이유

러시아의 침공으로 폭격이 시작된 지난 2월 24일 우크라이나 도심에 공습경보 사이렌이 울린 가운데 사람들은 서둘러 도시를 떠날 채비를 하고 있었습니다.

러시아 군대의 침공으로 도시가 두려움과 혼란에 휩싸인 그 시각. 우크라이나의 두 번째 도시인 하르키우의 한 호텔 로비에서 한 소년이 흰색 피아노 앞에 앉아서 2020년 아마존의 프라임 공상 과학 드라마 〈루프 이야기〉에 삽입된 OST '학교 가는 길'을 연주하고 있는 가운데 그 모습을 「워싱턴포스트」 촬영기자 휘트니 리밍이 촬영해 세상에 알려주었고, 이를 본 수많은 사람이 감동했습니다. 리밍은 "소년을 촬영하고 곧바로 취재하러 호텔을 나갔다가 다시 돌아왔을 때 소년과 그의 가족을 볼 수 없었다"라고 말했습니다.

이 곡을 공동 작곡한 폴 레너드 모건은 이름 모를 한 소년이 전쟁의 공포 속에서 자신의 곡을 연주한 것에 대해 이렇게 말했습니다.

"역경 속에서 피아노를 연주하는 소년의 모습을 보고 눈물이 났습니다. 가장 끔찍한 상황에 부닥친 누군가가 이 음악으로 위안을 얻으려고 한 데에 감동했습니다."

기부금 100만 원을 우크라이나에 기부

어게인 이사장이신 임진성 변호사의 장모님이자 피아니스트이신 안혜리 님이 위기 청소년의 음악 사업에 사용해달라면서 지난해 100만 원을 어게인에 기부하셨습니다.

그런데 코로나19 팬데믹 등의 사정으로 계획했던 위기 청소년을 위한 여러 사업이 중단되거나 포기됐고 음악 사업 또한 중단됐습니다.

그래서 마음이 무거웠습니다. 기부금도 기부금이지만 위기 청소년들에게 보내주신 기부의 뜻을 온전하게 실행하지 못한 책임감이 짓눌렀습니다. 그래서 무거웠던 것입니다.

그러던 차에 전쟁의 공포에 휩싸인 가운데 피아노 연주로 수많은 사람을 위로하면서 평화에 대한 염원을 확산시킨 우크라이나 소년의 소식을 듣고 무거운 마음을 내려놓기로 했습니다.

안혜리 님이 어게인에 기부해 주신 100만 원을 오늘(3월 8일) 우크라이나 대사관 특별 계좌로 송금하면서 기부의 뜻을 아래와 같이 밝혔습니다.

저희는 위기 청소년을 돕는 비영리 민간단체 어게인(이사장 임진성)입니다. 오늘(8일) 우크라이나 대사관 특별 계좌에 어게인 명의로 100만 원을 송금했습니다. 이 100만 원은 피아니스트 안혜리 님이 위기 청소년을 위한 음악 사업에 사용해달라고 기부하신 것인데 코로나19 팬데믹으로 사업을 진행하지 못해 보관해 왔습니다. 그러던 차에 우크라이나 피아노 소년의 이야기를 듣고 우크라이나 아이들과 평화를 위한 음악 사업에 사용해달라는 뜻을 세웠고, 안혜리 님의 동의를 얻어서 기부하기에 이르렀습니다. 어게인은 우크라이나 평화와 아이들의 미래를 위해 러시아 침공과 전쟁 중단을 촉구합니다.

우크라이나 소녀의 기도 그리고 한반도 평화 기도

주님,

아무도 고통받지 않도록 우리를 지켜주세요.

우리가 얼마나 힘든지 푸틴이 알게 해주세요.

여기에 있는 모든 아이를 지켜주세요.

우리가 나쁘지 않은 사람이라는 걸

러시아 사람들이 알게 해주세요.

그래서 이 모든 전쟁이 빨리 끝나게 해주세요.

탱크가 집을 쏘지 않게 해서

사람들이 살 수 있게 해주세요.

그래서 아무도 고통받지 않게 해주세요.

우크라이나 소녀의 기도입니다.

전쟁의 공포와 두려움 속에서

이름 모를 소녀가 드린 눈물의 기도를

하늘과 땅뿐 아니라 러시아의 양심 세력과
평화를 염원하는 모든 인류가 듣게 하소서!

탱크와 폭격기를 앞세운
푸틴과 침략자들이 깨닫게 하소서!
생명을 죽이고 도시를 파괴한 그 무기로
침공의 목표를 달성한다고 할지라도 끝내는 끝끝내는
칼로 흥한 자 칼로 망한다는 진리 아래 무릎 꿇게 된다는
역사의 사실을 직시하고 하루빨리 전쟁을 중단하게 하소서.

그리하여 전쟁 공포 속에서 연주한
일명 피아노 소년이 평화로운 학교에서
친구들과 뛰어놀며 피아노를 치게 하소서.
그리하여 전쟁의 두려움이 엄습한 골방에서
눈물의 기도를 드린 소녀가 평화의 떡을 떼고
평화의 노래를 부르며 평화의 잠을 잘 수 있게 도우소서

전쟁의 끔찍한 고통을 겪은 민족으로서
우크라이나의 전쟁 참화가 속히 끝나길 빕니다.
죽음과 굶주림과 폐허 속에서 살아온 민족으로서
러시아의 침략 전쟁이 속히 중단되기를 간절히 빕니다.

다시는 전쟁이 일어나서는 안 되는 한반도가

혐오와 갈등과 전쟁의 기운이 스멀스멀 기어 나오는

대통령 선거를 맞았으니

부디 한반도의 평화와 통합을 이루는 지도자가 선출되길 빌고
빕니다.

2022년 3월 9일 편지

커피 선물을 보냈습니다

남아프리카 공화국의 작은 도시 스텔렌보스에서 태어난 첫 손녀가 지난해 봄에 왔다가 여름에 떠났습니다. 올 때는 봄꽃들이 그리도 화사하더니 떠날 때는 가슴 아픈 비가 내렸습니다. 코로나19 팬데믹이 아니었으면 이렇게 애달프지는 않았을 것입니다. 어쩔 수없이 떠나야만 하는 첫 손녀를 이대로 보낼 수 없어서 가족사진을 찍었습니다.

떠나도 너무 멀리 떠나는 나의 사랑 첫 손녀와 큰며느리까지 온가족 일곱 식구가 스튜디오에서 찍은 가족사진을 벽에 걸어 놓고 그리움의 비가 주룩주룩 내리면 보고 또 보고 그리움의 꽃이 피면 자꾸만 보고 또 봤습니다.

코로나19 팬데믹이 머지않아 끝날 것입니다. 코로나가 끝나면 가장 먼저 무엇을 하시렵니까. 상봉의 눈물을 흘리는 이산가족처럼, 빼앗겼던 자유를 되찾은 피압박 민족처럼 해방과 만남의 기쁨을 누리면 어떨까요. 배달 음식이 아닌 잔치 음식을 먹으면서 혈육의 정을 나누는 한민족처럼 덩실덩실 춤을 추면서 노래를 부르면 어떨까요. 그리하여 되찾은 자유 왕래와 핏줄 상봉의 기쁨을 기념하여 가족사진을 찍으면 어떨까요. 그리고는 팬데믹이 끝날지라도 해체된 가족을 만날 수 없는 짠한 아이들과 반지하 단칸방에 사는 미혼모를 위해 기도해 주신다면 참 좋겠습니다.

지난해 봄도
지지난해 봄도
봄 같지 않은 봄이었습니다.
코로나19 팬데믹이 빼앗아 갔습니다.
부디 올해 봄은 봄 같았으면 좋겠습니다.
첫 손녀의 손을 잡고 꽃구경 가고 싶습니다.

코로나19 팬데믹으로 각자도생이 더 심각해졌음에도 불구하고 나와 내 가족만 살면 안 된다, 이런 때일수록 더 보살펴야 한다면서 짠한 아이들과 가난한 이웃의 눈물을 닦아주신 후원자님들께 진심으로 감사드립니다. 주신 사랑에 비해 작은 선물을 동봉했으니 받아주시면 고맙겠습니다.
　이 나라의 평화와 가족의 평안을 빕니다. 샬롬!

2022년, 코로나로 흩어졌던 가족이 다 모이는 봄을 기다리며

※추신
　1. 후원자님들께 드리는 커피 선물 세트를 오늘(15일) 발송했습니다.

2. 주소를 남기지 않으셨거나 주소가 변동된 후원자께서는 주소를 보내
주시면 감사하겠습니다.

3. 올해도 커피 선물 세트를 후원해 주신 '1킬로커피'(대표 이상호)에 감사
드립니다.

동역자님께 보내는 엽서

범죄와 비행으로 얼룩진
위기 청소년에게 희망을 주는 일

생명을 낳긴 했으나 함부로 대하고
심지어 자신이 낳은 생명을 버리는
어린 미혼모를 용서하고 사랑하는 일

반사회적인 아이들과
반생명적인 아이들을
희망으로 일으키고 용서하며
사람다운 사람으로 살도록 하는 일을

하다가 실패하고 절망하고
그러나 끝내 희망을 포기하지 않아야 하는
어게인의 사역, 가시밭길 사역을 포기하지

않을 수 있었던 것은 동역자 덕분이었습니다.

이 세상 어떤 명분을 내세울지라도
함께 모여 어떤 길을 간다고 할지라도
자신의 명예와 권세와 욕심과 탐욕에 취해
시기와 질투, 성냄과 다툼으로 흔들리는 조직이
얼마나 많은지 모릅니다. 그런데 어게인은 그러지 않았습니다.

겸손함과 온유함으로 격려하고 지지해 주시는 임진성 이사장님과 어게인의 첫 출발부터 오늘까지 묵묵히 성원해 주시는 최남식 이사님, 어려운 일과 힘든 일이 생기면 달려와서 함께 해주시는 김종택 이사님, 교사로서 정년퇴직한 후에도 어게인 대안 학교를 위해 기도해 주시는 박찬수 이사님, 턱걸이로 체력을 단련하면서 기부금을 모아주신 박영하 이사님과 영원한 망치 형사이신 박용호 이사님과 소년공 출신으로 노동 문학관을 세우신 정세훈 이사님 그리고 어게인의 산 증인으로 인생 역전의 용사로 거듭나고 계시는 오세훈 감사님과 어게인의 미래 주역으로 소년희망공장 4호점 공장장이신 이금주 감사님 등의 동역자분들께 감사드립니다.

어게인이 가야 할 길은 여전히 가시밭길
권세와 영광이 아닌 힘겨운 길을 가야 합니다.
멀고 힘든 길을 간다고 해서 누가 상을 주겠습니까.
그래서 이사님과 감사님들께 감사하고 미안합니다.

그래서 커피 향처럼 은은한 여러분께 작은 선물을 보냅니다.
저희가 준비한 것은 작은 선물이지만 하나님이 준비하신 선물은
얼마나 크고 아름다울지 저희는 알지 못합니다. 그래서 그 선물을
받는 그날까지 발걸음 허투루 디디지 않으려고 합니다.
감사합니다.

2022년 3월 31일 편지

박세진 교장 선생님이 찾아오신 까닭

    이주 노동자와 다문화 가정을 돕는 '(사)지구촌사랑나눔'이란 단체에서 6년가량 활동하다 연쇄 방화범으로 구속된 다문화 청소년을 만난 인연으로 이러한 위기 청소년들을 돕는 일을 하겠다면서 그곳을 떠난 지 벌써 10년입니다.

    그런데 지난 2일(목) 아주 반가운 분을 만났습니다.

    '지구촌사랑나눔'이 국내에서 처음으로 세운 다문화 대안 초등학교인 '지구촌학교'에서 교장을 지내신 박세진 선생님이 어게인 사무실에 오셨습니다.

얼마 만의 만남일까?

    몇 년 만의 만남인지 햇수조차 아득할 정도로 오랜만의 만남이어서 그간의 안부와 소식을 나누었습니다. 교장 선생님은 제가 '지구촌사랑나눔'을 떠난 뒤 6년 후인 2017년에 학교를 떠났다고 했습니다. 행시 출신의 고위 공직자로 퇴직한 뒤 지구촌학교 2대 교장으로 부임한 외유내강형의 박 선생님은 다문화 아이들에겐 할아버지 같은 좋은 교장, 교사들에겐 든든한 울타리 같은 교장으로 교권을 보호해준 듬직한 인생 선배였고 소박한 크리스천이셨습니다.

박세진 교장 선생님은 제가 쓰고 있는 '조호진 시인의 소년희망 편지'와 페이스북을 통해 저의 여러 소식을 접하면서 안타까웠다고 했습니다. 그중 가장 큰 안타까움은 미혼모 자립을 돕기 위해 세운 샐러드 & 샌드위치 전문점 소년희망공장 3호점(스위트 그린) 배달부로 힘들게 일하는 소식이었다고 했습니다. 저렇게 힘들게 일하다 쓰러지면 어떡하나? 저 무거운 짐을 어떻게 하면 덜어줄 수 있을까? 2년가량을 지켜보며 안타까워하다가 도시락 배달이든 샌드위치 배달이든 뭐든 도와야겠다는 마음으로 찾아오신 것이었습니다.

소년희망공장 3호점을 정리했습니다

최선을 다했습니다.

정말 열심히 일했습니다.

뼈를 갈아 넣으며 일한다고, 그렇게 일하다간 큰일 난다는 우려의 말을 수없이 들으며 일했습니다.

죽을 둥 살 둥 일했던 것은 위기 청소년과 미혼모의 희망 때문이었습니다. 이들의 절망을 희망으로 바꾸기 위해서였습니다.

그런데 소년희망공장 3호점을 시작한 때가 코로나19 팬데믹이 시작되던 2020년 초였습니다. 소년희망공장 1호점을 적자에서 흑자로 바꾼 경험과 자신감으로 3호점을 시작했는데 미증유(未曾有)의 바이러스 창궐에 무너지고 말았습니다.

오미크론 확진자가 기하급수로 퍼지고 소년희망공장 직원들도 어김없이 감염되면서 우리 부부는 빈자리를 메우기 위해 더 힘들게 일했고, 점포주는 매출액이 반토막 났는데도 임대료 인상을 예고했습니다.

매월 400~500만 원가량 적자가 발생하는 소년희망공장 3호점을 살리기 위해 우리 부부는 사무실에 베이스캠프 차려 놓고 새벽부터 밤늦게까지 일했습니다. 주 80~90시간 노동, 주 6~7일, 때론 휴식도 없이 장시간을 노동하면서 침낭 속에서 번데기처럼 잠자며 추위를 달래는 등으로 투혼을 발휘했더니 가까스로 손익분기점에 도달했습니다. 그런데 오미크론의 공습으로 적자가 다시 발생한 가운데 2년 계약 만료를 앞두고 재계약 여부를 결정해야 했습니다.

계약 만료일인 2020년 4월 30일부로 소년희망공장 3호점의 영업을 종료했습니다. 지금 정리하지 않으면 더 큰 어려움이 예상됐기 때문입니다.

게으르지 않겠습니다

박세진 교장 선생님은 어려운 길을 걷는다며 저희 부부를 위로해 주시면서 점심을 사주셨습니다. 연금 생활자라 돈으로는 크게 도울 수 없어 몸으로라도 돕고 싶어서 왔는데 3호점 문을 닫았다는 소식에 안타깝다며 아이들을 위해 사용해달라며 후원금을 주시고는 돌아가셨습니다.

박세진 교장 선생님!
소년희망공장 3호점 문을 닫았으나 아예 문을 닫은 것은 결코 아닙니다. 3호점에서 사용하던 커피 머신과 냉동·냉장고 등의 집기류를 부천역 뒷골목에서 청소년 무료 급식소 '청개구리 식당'을 운영하는 청소년공동체 '물푸레나무'(대표 이정아)에 기증했고, '물푸레나무' 측은 위기 청소년의 자립을 돕는 소년희망공장의 정신과 상호(스위트그린)를 그대로 이어받기로 하고, 6월 중순 오픈을 목표로 한창 내부 공사 중입니다.

박세진 교장 선생님!

안타까운 이웃을 위해 기도해 주시고, 무거운 짐을 덜어주시기 위해 와주시고, 가난한 아이들을 위해 후원해주고 가신 귀한 발걸음 헛되지 않도록 희망의 경주를 게을리하지 않겠습니다. 소년희망공장 3호점이 새롭게 출발하면 초대하겠습니다.

기적을 꿈꾸는 소년희망공장

대물림된 가난과 상처로 뒹굴다가 자포자기한 아이들의 절망을 희망으로 바꾸는 일은 쉽지 않습니다. 몇 번의 동정과 사랑으로 무얼 해보겠다고 어설피 접근했다가는 희망의 '희' 자도 건드려 보지 못하고 나뒹굴기 일쑤인 바닥입니다. 그러므로 이 바닥에서 희망 키우기란 힘들고, 괴롭고, 실패하는 것입니다.

이렇게 힘들고 괴로운 가시밭길인데도
소년 희망의 길은 굽히거나 끝나지 않고
오히려 조금씩 조금씩 확장되고 있습니다.

소년희망공장 7호점(컴포즈 커피 가양 양천초점) 현판식이 지난 5월 4일(수) 서울 강서구 양천로에서 진행됐습니다. 현판식에는 소년희망공장을 운영하는 '스마일어게인사회적협동조합' 최승주 대표와 어게인 초대 사무국장으로 소년희망공장 2호점과 5호점을 운영하는 두현호 목사와 7호점 점주인 서지미 님이 참석했습니다. 서지미 님은 두현호 목사가 운영하는 소년희망공장에서 일하다 동역자로 거듭난 분입니다.

'스마일어게인사회적협동조합'은 소년희망공장 협의체를 추진 중입니다. 위기에 처한 청소년에게 일자리를 제공하여 청소년들이 정신적·신체적·사회적으로 건강한 시민으로 성장할 수 있도록 돕는 협의체, 신앙 공동체가 목적입니다.

'소년희망공장'이 확장됐으면 좋겠습니다. 소년희망공장 한 군데서 일하는 위기 청소년은 서넛에서 다섯 명, 현재 일곱 군데에서 일하는 청소년은 이삼십 명 남짓으로 적지 않습니다. 소년희망공장 아이들은 소년희망공장을 통해 절망을 희망으로 바꾸고 있습니다. 일하고, 공부하고, 꿈꾸면서 가난에서 서서히 벗어나면서 상처를 치유하고 있습니다.

쓰러진 위기 청소년을 일으키는 가장 좋은 방법은 어설픈 적선과 사랑보다는 일자리입니다. 스스로 일해 돈을 벌면 비행 등의 범죄를 저지르지 않습니다. 성실한 노동을 통해 게으름과 나쁜 습관에서 탈피하게 됩니다.

소년희망공장이 10호점으로 늘어나면 일자리가 자그마치 50여 명! 소년희망공장이 100호점으로 늘어나면 일자리가 놀랍게도

500여 명!

500명의 위기 청소년들이 자립 일자리를 통해 절망을 희망으로 바꾸면서 가난에서 벗어난다면 그것은 단순한 사건이 아니라 놀라운 기적일 것입니다. 소년희망공장에서 기적이 일어나도록 중보(仲保) 기도해 주십시오.

2022년 6월 8일 편지

따뜻한 이웃에게 복 내려주시옵소서

보육원 출신 미혼모 숙희가 솜이와 준이, 두 자녀를 잘 키우고 있어서 얼마나 기쁜지 모르겠습니다. 처음 만났을 때는 툭하면 쓰러질 것 같았는데 서른에 접어들면서 많이 튼튼해진 숙희를 보니 이제는 인생 비바람이 닥쳐도 크게 흔들리지는 않을 것 같습니다.

8년 전 처음 만난 숙희가 설 명절에 "큰엄마 집에 가서 명절 지내면 안 될까요?"라고 부탁하면서 시작된 명절 함께 보내기가 서서히 마무리되는 것 같습니다. 매년 설과 추석이면 숙희네를 비롯해 미혼모 가정과 위기 청소년들을 우리 집으로 초대해 명절을 같이 지냈는데 올해 추석에는 "아이들과 함께 추석 여행을 가기로 했다"는 소식을 숙희가 알려왔습니다.

두 아이를 데리고 천안에서 서울까지 오고 가는 길이 쉽지 않은데다가 숙희에게 듬직한 사내가 생겨서 이제는 자신들끼리 오붓한 명절을 지내게 된 것 같습니다. '슬픔과 외로움을 벗어버리고 행복한 삶을 살아갈 날이 언제쯤 올까? 오기는 올까?' 걱정했는데 이렇게 행복한 날이 왔습니다.

숙희에게 아빠가 있긴 있었지만 없는 것보다 못했습니다. 숙희가 열일곱 되던 해에 아빠가 찾아왔는데, 너무 그리운 핏줄이어서 너무 좋아했는데 아빠란 사람은 어린 딸을 이용해 돈을 끌어 쓴 뒤에 신용 불량자로 만들어 놓고는 소식을 끊었습니다. 그래서 고맙다고 했습니다. 이렇게 버려주어서 고맙다고, 다시는 버림받지 않도록 소식을 끊어주어서 고맙다고, 차라리 '천애고아'(天涯孤兒)로 사는 것이 낫다고 했으나 아무리 그래도 너무 외롭고 외로워서 보육원 출신 사내와 자취방 같은 작은 방에서 살림을 시작했습니다.

예쁜 딸 솜이가 태어나고 잘생긴 아들 준이가 태어났습니다. 그래서 오순도순 잘 살았으면 얼마나 좋았을까요. 하지만 자기도 버림받았으면서, 버림받은 슬픔과 아픔이 얼마나 고통스러운지 잘 알면서 두 아이를 버리고 떠났습니다. 그가 떠난 뒤 숙희뿐 아니라 두 아이까지 소아 우울증에 걸렸습니다. 외롭고 힘들어서, 버림받은 상처를 씻고 싶어서 가정을 만들었는데 준이가 돌이 되기도 전에 가정을 버리고 달아난 것입니다. 못난 놈, 나쁜 놈, 자식을 버린 놈….

"큰엄마, 준이가 폐렴에 걸렸는데 병원비가 없어요…."

숙희가 울면서 전화했습니다. 준이가 급성폐렴에 걸렸는데 병원비도 없고, 도와줄 사람도 없다면서 큰엄마라고 부르는 최승주 권사에게 도움을 청했습니다. 우리 부부는 천안까지 달려가서 숙희를 위로하며 병원비를 지급하고, 생활비를 주면서 힘내라고 격려했습니다. 우리의 도움이 그 정도뿐이어서 미안했는데 고맙게도 숙희가 힘을 내주었습니다.

그런 뒤에 전국 각지에서 모인 후원자들과 함께 준이 첫 돌잔치를 했고, 툭하면 잘리는 아르바이트 인생으로는 두 아이를 키우기 힘드니 방법을 찾아보자고 해서 찾은 게 보육 교사. 숙희의 꿈이던 보육 교사가 될 수 있도록 학원비와 생활비 등을 지원했더니 보육 교사 자격증을 취득했고, 보조 교사의 설움을 잘 견디면서 성실하게 일한 결과 이제는 어엿한 담임 교사가 됐습니다. 슬픔과 절망을 견디면 보름달처럼 환한 날이 온다는 것을 착한 숙희가 인생으로 알려 주었습니다. 잘 견뎌준 숙희가 고맙고 감사합니다.

사랑과 도움을 주어도
자립과 독립을 하지 못한 채
계속 손을 벌리면서 세상을 원망하고
자신의 인생을 저주하는 이들도 적지 않은데
고아의 외로움을 벗어버린 숙희가 고맙습니다.
두 아이를 잘 키우는 엄마가 되어주어서 고맙습니다.

불행에 처한 일가족이 극단적인 선택을 했다는 비극적 뉴스가 들려오는 이 끔찍한 시대, 정부는 뭐 하고 있느냐고 탄식하는 것 말고는, 무슨 무슨 대책을 세우겠다며 난리를 피우던 정부가 뉴스가 잊히면 슬그머니 손을 놓는 것 말고는, 그래서 비극과 참사가 다람쥐 쳇바퀴처럼 또 벌어지고 잊히는 망각의 굴레.

이런 현실에서 물심양면으로 도와주신 참 좋은 이웃들 덕분에 보육원 출신 미혼모 숙희네 가정이 행복하게 되었다고 보고하게 되어 참 기쁘고 감사합니다. 그리하여 하나님 아버지께 기도드리오니 받아주시옵소서.

벼랑 끝에 매달려서도
목숨 같은 자식을 끝끝내 지킨
생명의 어미와 아비들을 축복하소서!
내 자식과 내 식구끼리만 잘 살려 하지 않고
슬픔과 절망에 내몰린 이웃의 눈물을 닦아주며
나누지 않는 사랑이 어찌 사랑이며 축복일 수 있느냐며
나눔과 사랑으로 우리들의 차디찬 세상을 훈훈하게 데우는
따뜻한 이웃들에게 환한 복을 내려주시옵소서,
더도 말고 덜도 말고 한가위 보름달처럼 넉넉하게!

2022년 9월 7일 편지

4부

희망을
배달합니다

새해에 태어난 첫 손녀

2020년 1월 9일 새벽 남아프리카 공화국 케이프타운의 작은 도시 스텔렌보쉬에서 첫 손녀가 태어났습니다. 설레는 가슴으로 기다리던 아기 천사가 저희 곁으로 온 것입니다. 큰아들이 남아공에서 보내준 손녀의 사진과 동영상을 보고 또 보면서 '아, 이렇게 어여쁜 천사가 내 손녀라니…' 감탄하고 또 감탄했습니다. 일부러 웃은 게 아니라 저절로 웃음이 나왔습니다. 행복에 겨워서 웃고 또 웃었습니다.

이 기쁨을 참을 수가 없어서 지인들과 페이스북 친구들에게 갓 태어난 손녀를 자랑했습니다. '나는 바보, 나는 바보, 손녀 바보….' 저는 손녀로 인해 행복한 바보가 되고 말았습니다. 할아버지가 되었으니 더욱더 기도해야겠습니다. 내 손녀가 자기 행복만을 좇는 아이가 되지 않게 해달라고, 조국의 봄볕처럼 따뜻한 아이로 자라서 이 세상을 아름답게 하는 사람이 되게 해달라고 빌어야 하겠습니다.

10년 전에 아프리카로 떠난 큰아들

8년 전의 일입니다. 아프리카에서 단기 선교 여행 중이던 아내가 짐바브웨 한인교회 목사님으로부터 청년 봉사자가 필요하다는 요청을 받고 돌아와 큰아들에게 봉사를 제안했습니다. 마침 군 복무를 마치고 복학을 준비 중인 큰아들은 복학 전까지 낯선 세계를 경험할 목적으로 아프리카로 향했습니다. 4~6개월가량 봉사하고 돌아와 복학하는 것이 아들의 계획이었는데 그 계획이 바뀌었습니다. 아프리카의 눈물을 본 큰아들이 이런 폭탄선언을 했습니다.

아비와 부모, 친척과 본토를 떠나서 아프리카 선교사로 살겠다고 했습니다. 의지를 다지기 위해 퇴로까지 차단했습니다. 아들은 귀국하지 않았습니다. 아들이 다녔던 대학은 휴학 기간을 연장하지 않자 제적 처리했습니다. 성모 마리아도 아들 예수의 길을 막지 못했는데 못난 아버지인 제가 어떻게 아들의 길을 막을 수 있겠습니까. 8년째 아프리카에서 사는 아들은 남수단, 우간다, 요르단 등의 선교 여행에서 돌아와 남아공의 스텔렌보스대학교(Stellenbosch University)를 졸업한 후 현재 이 대학에서 박사 논문을 준비하면서 한국인 목사님과 함께 원주민교회를 섬기고 있습니다.

큰아들은 겨울 방학이 되면 귀국해 엄마 아빠의 일을 도왔습니다. 아버지 심학규를 두고 떠나야만 하는 심청이 심정이었을까요. 출국 전까지 집안과 사무실의 어려운 일을 처리해 주고 떠났습니다. 엄마를 닮은 큰아들은 5년째 매년 진행 중인 "미혼모 — 위기 청소년과 함께 명절 지내기"에 따뜻한 손길을 보냈습니다.

명절이면 더욱더 외로워지는 아이들, 오갈 곳이 없어 쓸쓸해지는 아이들을 저의 집으로 초대해 설빔도 사주고, 세뱃돈도 주었습니다. 맛있는 음식을 대접하려면 두 가지가 필요합니다. 바로 봉사의 손길과 비용입니다.

다들 고향을 찾아가 부모 형제 일가친지를 만나는 명절에는 봉사자 구하기가 어렵습니다. 다행스럽게도 큰아들을 비롯한 3남매가 엄마 아빠를 도와주었습니다. 미혼모 아기에겐 삼촌과 이모 노릇, 미혼모에겐 좋은 오빠와 언니 노릇, 위기 청소년에겐 든든한 형과 누나 노릇을 톡톡히 하는 삼 남매…. 가슴 아픈 아이들을 다정다감하게 감싸주는 삼 남매의 모습에 제 마음이 따뜻해졌습니다. 그런 큰아들이 환갑을 맞은 저에게 첫 손녀를 선물해 주었으니 어찌 기쁘고 행복하지 않을 수 있겠습니까.

큰아들 부부는 가난한 학생 부부입니다. 큰아들은 대학 조교와 연구원 활동으로 생활비를 벌어 삽니다. 저희 부부는 형편이 넉넉지 못해 도움을 주지 못합니다. 큰아들 역시 부모의 도움을 원치 않습니다. 덕분에 큰아들 부부는 검소합니다. 큰아들 부부를 보면서 희망을 품은 청년에게 가난은 누추하지 않을 뿐 아니라 영혼을 잃은 부유함보다 더 아름답다는 생각을 합니다.

첫 아이를 낳은 큰아들 부부는 아기에게 필요한 용품을 교민들에게 구했고, 구하지 못한 용품은 저를 통해 주문하거나 국내 중고 사이트에서 구합니다. 제가 첫 손녀에게 선물한 용품은 2만2천 원에 산 중고 분유 포트기입니다. 큰아들 부부는 첫 아이를 가난하게 키울 것입니다. 저희 부부 또한 가난하게 키우는 것에 동의했습니다. 저희 부부는 첫 손녀를 만나기 위해 오는 2020년 1월 30일 남아공으로 떠났다가 열흘 후에 돌아올 계획입니다.

큰아들 부부는 첫 아이를 기도와 사랑으로 잉태했고 축복받으면서 낳았습니다. 큰아들 부부는 아직은 가난합니다. 하지만 첫 손녀는 가난하지 않습니다. 별빛처럼 빛나는 손녀의 눈동자와 앵두처럼 예쁜 입술, 천사처럼 뽀얀 피부는 돈으로 산 것이 아닙니다. 돈으로 살 수도 없습니다. 생명에게 가장 필요한 것은 돈이 아니라 사랑이라는 사실을 손녀를 통해 거듭 깨닫습니다.

첫 손녀로 인해 행복합니다. 하지만 마냥 행복하진 못합니다. 사랑받지 못하고 태어난 미혼모 아기들 생각에 가슴이 아픕니다. 홀로 아기를 낳아 키우는 미혼모의 눈물을 모르지 않기에 마음이 아픕니다. 이들의 아픔을 대신할 순 없지만 나눌 순 있습니다. 나의 아들딸들과 며느리와 손주들이 봄볕처럼 따뜻한 이웃으로 살아가길 비는 것은 이 때문입니다. 피눈물 흘리는 이웃을 보고도 자기 밥만 챙기는 무정한 죄를 지어선 안 된다고 가르치는 것은 이 때문입니다.

설날이 바짝 다가왔습니다. 이번 설에는 보육원 출신 미혼모 숙희네 세 식구와 홀로 아기를 키우는 미혼모 다솔이네 두 식구 그리고 '소년희망공장'에서 일하는 아이들을 비롯해 명절에 갈 곳이 없는 아이들을 저의 집으로 초대해 명절을 함께 지낼 계획입니다. 큰아들 부부는 첫딸 출산으로 못 오지만, 한국에 있는 딸과 아들이 저희 부부를 도와줄 것이니 크게 걱정할 것은 없습니다.

어린 미혼모와 엄마 없는 소년들을 명절에 초대하는 것은 대단한 일이 아닙니다. 하지만 작은 힘이 될 순 있습니다. 음식을 먹으며 세뱃돈과 설빔을 받는 따뜻한 기억이 별로 없는 아이들에겐 삶의 버팀목이 될 것입니다.

저희와 명절을 5년째 지내는 미혼모 숙희가 증거입니다. 충남 천안에 사는 숙희는 어린 남매를 데리고 와서 삶의 외로움과 힘거움을 달래고 돌아갑니다. 물론 명절 때뿐 아니라 평상시에도 어려움이 생기면 도움을 청합니다.

저희 부부의 역할은 바람막이입니다. 이 세상 부모와 일가친척들은 아이들의 바람막이가 되어줍니다. 하지만 보육원 출신 미혼모와 부모에게 버려진 아이들에게 세상은 가혹합니다. 저희 부부가 앞장서긴 하지만 묵묵히 동참해 주는 후원자의 도움이 없었다면 저희도 힘에 지쳐 포기했을 것입니다. 모질고 찬 바람 부는 이 세상에서 혼자 아기를 낳아 키우는 미혼모와 엄마 없이 살아가는 소년들에게 바람막이가 되어준 여러분에게 하늘의 복이 임할 것입니다. 가슴 아픈 아이들의 눈물을 닦아준 여러분 덕분에 머지않아 봄이 올 것입니다.

숙희네와 다솔이네, 죽으려다 산 소년과 분노 조절 장애 소년에게 춥고 외롭지 말라며 크고 작은 바람막이가 되어준, 봄볕보다 더 따뜻한 여러분, 감사합니다! 2020년 새해를 맞아 복을 많이 받으셔서 가난한 이웃과 나누는 설날 맞으시길 빕니다.

2020년 1월 20일 편지

그대에게 부치는 편지

나는 그대가 좋습니다.
생각만 해도 좋습니다.
가도 가도 힘겨운 이 세상
꽃은 지고 별도 저문 세상
막차가 끊겨 애태우며 밤 지새면
첫차로 다가와 지친 몸을 보듬어
주시는 따뜻한 그대가 참 좋습니다.

그대가 보내주신 케이크

미혼모에게 1년 동안 기저귀를 후원해 주신 그대, 한동안 잠잠했습니다. 바쁜 세상에 쫓겨 살다 보면 짠한 아이들과 어린 미혼모를 잊고 살기도 하죠. 삶을 멈춰 세워 미혼모의 눈물 편지를 읽은 그대 가슴 치면서 "무엇을 할까요?" 물어서 미혼모를 위해 기도해 달라 부탁했죠.

가슴을 치며 올리는 눈물의 기도, 그대 기도가 하늘에 닿았을 겁니다. 코로나 사태에 지치지 말고 힘내라며 보내주신 케이크가 잘 도착한 것처럼.

그대가 보내주신 배당금

젊은 아빠이자 감정평가사인 그대는 사랑하는 아내와 아들뿐 아니라 이웃들과 함께 잘 사는 게 꿈이죠. 그건 그대뿐 아니라 우리 모두의 꿈, 가난 때문에 눈물을 흘렸던 우리는 허기진 시절로 돌아가고 싶지 않아요.

그래서 온몸이 부서져라 일하지만, 각자도생 무한경쟁 삶의 전쟁에서 싸우다가 부서지고 망가지는 것은 이웃을 저버린 채 욕망에 쫓기며 살기 때문. 잘 사는 것은 부수는 게 아니라 서로 감싸는 것, 그러므로 이웃의 눈물 닦아주며 살아가는 그대.

그대가 후원금으로 보내준 주식 배당금은 부서진 아이들과 미혼모의 상처 싸매주는 치유와 은혜의 붕대. 감싸주어서 고마워요.

연대의 힘

충남에서 교편 생활 중인 도담이 엄마! 코로나 사태로 닫힌 교문과 텅 빈 교실을 보노라면 저도 이렇게 가슴이 아픈데 도담이 엄마의 마음은 얼마나 아플까요. 코로나 사태로 전 세계가 공포에 휩싸인 가운데 코로나19 바이러스가 쉬이 물러갈 것 같지 않다고 하니 걱정이 이만저만이 아닙니다. 이 어려운 시절에 샘에게 편지를 쓰는 것은 연대의 힘 때문입니다. 설사 코로나19 바이러스가 물러간다고 해도 우리 서로를 지켜주지 않으면 우리 삶은 불안할 수밖에 없으므로 우린 서로를 안아줘야죠.

샘은 지난해 2월 미혼모 '미숙'이 아기의 돌잔치에 참석하기 위해 서울까지 달려오셨습니다. 샘은 친정 엄마가 손녀 돌잔치를 위해 1년간 모은 돼지 저금통 324,420원을 생면부지인 미숙이에게 전하면서 엄마끼리 연대감을 표시했습니다. 2018년 12월 난산 끝에 도담이를 낳은 샘은 혼자 아기를 키우는 미숙이에게 격려와 존경을 담은 손 편지를 건넸는데 그 편지를 다시 읽습니다.

저는 모두의 도움과 기다림 속에서 (아기를) 맞이했음에도 엄청 힘들고 두려웠는데 저보다 훨씬 어린 나이에 힘든 상황 속에서도 강한 의지로 아이를 지켜주시고 사랑을 주고 있다는 게 정말 존경스러워요. 아직 누군가로부터 존경스럽다는 말을 들어본 적 없다면 스스로 존경하고 대견하게 여겨주세요. 엄청난 일을 하고 계신 거예요. 제가 (아기를) 낳아서 키워보니 그 힘듦을 알겠어요. 저는 아이들을 가르치는 일을 해요. 첫 제자는 미숙 씨보다 나이가 많을 겁니다. 오랫동안 아이들을 지켜보면서 느낀 것은 가정 형태가 아이들 성장에 제일 중요한 요소가 아니라는 사실이었어요. 부모가 있어도 엇나가는 아이가 있는 반면에 소년 소녀 가장, 한부모 가정, 조손 가정 아이 중에 자기답게 살아가는 학생들을 보면서 행복의 의미를 배웠어요. 미숙 씨가 세상을 주도하며 행복하게 살면 다솔이가 행복을 배울 것 같아요. 다솔이 엄마 사랑하고 존경합니다.

가슴 아픈 후원

"약소하지만 함께한다는 마음으로 응원 차 송금했어요. 저도 일당벌이가 끊겨 넉넉지 못하네요. 후원 중에 제일 정성 없는 게 송금 후원이에요. (미혼모) 은주 가족을 위해 기도하겠습니다. 저 가정에 곧 봄볕이 스며들길."

어린 딸을 혼자 키우는 그대
심신의 통증 때문에 힘든 그대
그대를 생각하면 가슴이 아파요.
자기도 아프면서 아픈 이웃을 챙기는 그대
자기도 살기 힘들면서 더 힘든 미혼모에게
손 내미는 그대여, 고맙습니다. 미안합니다.

그대가 보내주신 감사 헌금

"힘든 시절에 후원금을 보내 주셔서 감사합니다. 선생님의 후원금은 코로나 사태로 더 어려워진 미혼모와 밥을 챙겨줄 엄마도 없는 아이들에게 큰 힘이 될 것입니다."

크리스천이자 엄마인 후원자가 전화해서 후원금을 어떻게 사용하는지 문의하셨기에 위와 같이 답변드리면서 어게인의 재정 사용의 방향은 '정직'과 '진실'이라고 설명했더니 아래와 같은 글을 보내

주셨습니다.

"생각지 못한 격려금을 받아 감사 헌금을 드려야 하는데 기도하고 이곳(어게인)으로 보냈습니다. 그래서 제가 인사받을 일이 아닌데 부끄럽게도 인사를 받고 있네요. 메일(소년희망편지) 읽으면서 생각날 때마다 기도하고 있습니다. 조만간 또 마음의 짐을 덜 수 있으면 좋겠습니다."

경기도청 과장

미혼모 돌잔치 초대를 기뻐한 그대
이웃의 슬픔에 가슴 아파하던 그대
애환의 바다에서 아픔의 노를 젓던

오랜 벗인 그대는 경기도 도청 과장
불의한 권력에 맞서다 곤경에 처했던
정의로운 그댄 우리의 좋은 공복(公僕)

코로나 사태로 위기에 처한 미혼모에게
사용해달라며 기부금을 보내 주신 그대는
코로나 사태가 쉽게 끝나지 않을 것 같다며
후원금 증액으로 용기 북돋워 주시니 고마워요.

국가와 지자체가 최선을 다해 불우이웃을 지원한다고 해도 사각지대는 생기기 마련입니다. 그래서 사랑의 손길이 필요하죠. 관은 국민의 세금으로, 민은 사랑과 나눔으로 사각지대를 보살펴야죠. 코로나로 인해 신음하는 미혼모와 위기 청소년을 위해 기부해 주신 황재훈 과장님 감사합니다. 사랑과 나눔으로 힘든 시절을 극복하겠습니다.

그대로 인해

코로나 사태를 어떻게 극복할까?

두려움이 없진 않지만
국난 극복이 주특기인
한민족의 저력을 믿습니다.

가난한 이웃집 굴뚝에서 밥 짓는
연기가 피어오르지 않던 그 시절
넉넉지 않은 이웃들이 그 집에다
됫박쌀을 슬그머니 놓곤 했습니다.

그렇게 해서 춘궁기를 넘겼고
그렇게 하며 공동체를 다졌듯
코로나 사태로 힘겨운 시절 또한

서로 힘을 북돋우며 이겨낼 것입니다.

서로 기대어 사는 게 사람이라고
함께 살아야 사람답게 사는 거라고
5천 년 동안 위기 아닌 적 없는 이 땅
코로나 사태 또한 이겨낼 것을 믿습니다.

가도 가도 힘든 이 세상
삶에 지친 이웃이 우는데
왜 우냐고 흉보지 아니하고
그들의 눈물 닦아주시니 고맙습니다.
힘든 세상 동행해주시니 고맙습니다.

참 좋은 그대들이여
사랑을 나눠주시는 그대로 인해
사각지대에서 신음하는 미혼모와
밥 챙겨줄 엄마도 없는 아이들이

살 것입니다.
힘을 낼 것입니다.

2020년 4월 13일 편지

코로나 시대, 무엇으로 살 것인가

지난 2019년 한 해 엄마 없는 아이들과 떠돌이 위기 청소년과 장애인 청소년 등 불우 소년 3,791명에게 따뜻한 밥을 먹였습니다. 부모의 이혼과 가정의 해체로, 가정폭력과 가정불화로, 가난과 결핍으로 멍들어버린 아이들, 컵라면과 편의점 도시락으로 때우는 아이들, 이 아이들에게 따뜻한 밥을 챙겨준 지난 한 해, 아이들 입에 밥이 들어가는 모습을 보면서 눈물 밥의 서러움을 겪었던 우리는 이 세상에서 가장 행복하진 않았지만, 마음의 괴로움을 조금이나마 덜었습니다. 내 자식만 챙기느라 가난한 이웃집 아이들의 아픔을 외면했다면 어찌 괴롭지 않을 수 있을까요.

올해는 지난해보다 더 잘 먹이고 싶었습니다. 인스턴트 식품에 편식된 아이들의 상한 몸을 조금이나마 보살피고 싶었습니다. 아이들에게 건강한 음식을 먹이기 위해 '위기청소년의 좋은친구 어게인' 최승주 대표와 녹색당 공동 운영 위원장 성미선 위원장이 머리를 맞대었습니다. 그랬더니 사회적·경제적 소외계층의 자활과 자립을 돕는 단체인 공익재단법인 '한살림재단'(이사장 곽금순)이 식자재 후원을 결정했습니다.

이 재단은 '한살림 소비자 생활 협동조합 연합회' 관계자들이 만든 법인입니다. 아이들에게 건강한 음식을 줄 수 있다는 생각에 설레는 마음으로 밥상 차릴 준비를 했는데 코로나바이러스의 습격으로 차질이 빚어졌습니다.

이 아이들은 평상시에도 위기 상태입니다. 그런데 전 세계를 죽음의 공포로 몰아넣는 코로나 팬데믹이 발병하면서 무방비 상태인 아이들에게 더 큰 위기가 찾아왔습니다. 감염 방지를 위해 부득불 부천역 아이들의 무료 급식소인 청개구리 식당을 지난 2월 3일부터 현재(4월 21일)까지 폐쇄 중입니다.

부모가 있어도 없는 것만 못하거나 부모 없이 할머니 손에서 자라는 아이들, 도움의 손길이 없으면 굶을 수밖에 없는 이 아이들에게 밥을 주기 위한 대책 회의를 열었습니다.

회의 끝에 한살림이 제공한 건강 식재료들로 도시락을 만들고 드라이브스루 등의 방식으로 배달하여 우리 아이들 가운데 밥 굶는 아이가 없도록 조치했습니다. 코로나 감염에 의한 공포가 무섭고 두려운 것은 사실이지만, 부모와 사회로부터 외면당한 아이들에게 고립감과 배고픔 역시 코로나 못지않은 공포라는 걸 알기에 긴장하고 있습니다.

쉼터에서 지내고 있는 동현(17세)이가 한살림 도시락을 손꼽아 기다리는 이유는 건강할 뿐만 아니라 맛도 좋기 때문입니다. 한살림 도시락은 편의점 도시락과 다릅니다.

모두가 바이러스 감염 공포로부터 자신만 보살핀다면 이 아이들은 누가 챙길까요. 온 세상 사람들이 두려움에 떠는 와중에도 사랑의 마음으로 밥을 짓는 선한 자원봉사자들이 아이들이 좋아하는 제육볶음, 함박스테이크, 불고기, 스팸마요, 치킨마요, 참치김치볶음 등의 도시락을 만들어 아이들의 집까지 전달하고 있습니다.

"도시락을 주지 않으면 굶을 수밖에 없어요."

무료 급식소에서 5년째 밥을 먹고 있는 성호(20세)가 한 말입니다. 성호는 이곳에서의 한 끼니 식사로 삼시 세끼를 대신하기에 한 번 먹을 때 왕창 먹습니다. 바이러스보다 굶주림이 더 무서운 성호에게 도시락은 얼마나 소중한 먹거리일까요. 부모의 도움을 받을 수 없는 아이들에게 코로나바이러스가 발병한 2020년 4월은 너무나 잔인합니다. 이젠 그만 끝났으면 하고 간절히 바라지만, 사태는 장기화로 접어들고 있습니다.

"예전과 같은 일상으로는 상당 기간, 어쩌면 영원히 돌아갈 수 없을지도 모른다."

정세균 국무총리는 이렇게 말하면서 거리두기와 생활 방역을 통해 바이러스 전파 위험을 낮추어야 한다고 강조했습니다.

『사피엔스』를 쓴 이스라엘의 미래학자이자 역사가 유발 하라리는 코로나바이러스에 의해 오래된 규칙은 부서지고 새로운 규칙이 만들어지고 있다면서 인류가 코로나 팬데믹을 극복할 수 있는 길은 봉쇄와 혐오가 아니라 협력과 연대라면서 이렇게 강조했습니다.

지금 인류에게 가장 큰 위협은 바이러스 자체라기보다는 욕심이나 무지, 미움 같은 내면의 적입니다. 연대하고, 욕심 대신 너그럽게

노력하고, 음모론 대신 과학을 믿는다면 우리는 이 전염병을 쉽게 넘어설 수 있습니다.

_2020년 4월 14일 KBS 인터뷰

협력하고 연대하는 공동체 세상

부모 없이 자란 아이들은 언제나 거리두기 대상이었습니다. 결손 가정에서 자란 아이들은 차별과 왕따의 대상이었습니다.

코로나바이러스 발병 전부터 거리두기 대상이 된 이 아이들은 사회적 거리 두기 세상이 두렵습니다. 아이들은 자신들을 바이러스 취급하는 차별과 낙인의 세상이 무섭기만 합니다.

유발 하라리는 코로나바이러스보다 더 무서운 것은 이웃의 아픔을 외면한 채 자기만 챙기는 욕심, 무지, 미움 같은 것이라고 했습니다. 그러므로 백신과 치료제 개발보다 더 근본적으로 코로나 팬데믹에서 벗어날 방법은 협력과 연대라고 말입니다. 백신과 치료제가 개발된다 해도 바이러스는 신종·변종이 되어 또다시 인류를 습격할 것이므로 우리는 유발 하라리의 말처럼 서로 협력하고 연대해야 합니다.

가난과 고립에 시달리는 아이들, 차별과 낙인의 대상이 된 아이들, 이 아이들에 대한 미움과 혐오 대신에 긍휼함과 따뜻한 사랑으로 안아준다면, 내 아이뿐 아니라 아픈 아이들도 보호하는 인간 본연의 공동체를 구축한다면 우리는 진정으로 살 것입니다. 혼자 살지 않고 함께 살 것입니다. 그렇게 된다면 어떤 바이러스든 또다시 창궐해서 두려움을 조성하려 해도 이웃을 위해 자신을 내어주는 인간

의 희생과 헌신 앞에 무력화될 것입니다. 인간의 선함을 두려워할
것입니다.

2020년 4월 21일 편지

MBC에 방송된 소년희망공장

'소년희망공장'이 어떻게 만들어졌는지 많은 분이 궁금해하십니다. 소년희망공장은 다음 카카오 스토리펀딩에서 연재한 『소년의 눈물』(2015년)과 이어 국민일보에서 동시 연재한 『소년이 희망이다』(2016년)에 4,073명이 후원에 참여하면서 소셜 펀딩(Social Funding)으로 만들어진 사회적 기업입니다.

"펀딩에 성공하면 금액을 어떻게 사용할 것인가?"

스토리펀딩 『소년의 눈물』(2015년) 기획안에는 이런 질문이 있었습니다. 연재를 신청한 저는 의무적으로 답변해야 했습니다. 그래서 별다른 계획 없이 "소년희망공장'을 만드는 데 사용하겠다"라고 적었습니다. '소년희망공장'은 막연한 아이템이었습니다. 구체적인 계획을 세우지 않은 이유는 펀딩 성공 가능성이 희박했기 때문입니다. 세상이 미워하는 아이들을 이야기하는데 누가 얼마나 펀딩에 참여할 것인가에 대한 자신이 없었습니다.

그런데도 스토리펀딩에 참여한 가장 큰 이유는 부모에게 버림받거나 가난과 불우한 환경 속으로 버려진 아이들의 억울함을 대변하기 위해서였습니다. 언론은 이 아이들의 비행 사실을 까발릴 뿐 사건 뒤에 숨겨진 가슴 아픈 진실에 대해서는 별로 관심이 없습니다. 그래서 가난했던 내가, 엄마에게 버림받았던 내가, 소년원 출신 형의 눈물을 본 내가, 학비를 내지 못해 학교에서 쫓겨났던 내가, 이혼의 아픔을 겪은 내가, 홀아비로 두 아이를 키운 내가 나서자. '소년의 눈물'을 증언하고, 해명하고, 반박하고, 항의하자는 생각으로 스토리펀딩 연재를 시작하면서 이렇게 호소했습니다.

제발, 이 아이들에게 무조건 돌 던지지 마세요.
돌을 던지려거든 소년들이 왜 죄짓게 됐는지?
우리들의 삶과 소년의 죄가 아무 상관 없는지?
내 자식만 잘되는 것이 진실로 잘되는 것인지?
사정도 들어보고 생각도 해본 뒤에 돌을 던지세요.

법자를 아십니까?

'법자'(法子)란 '법무부의 자식'이란 말을 줄인 은어로 전과자와 소년범을 통칭하는 말입니다. 세상은 이들을 나쁜 놈 혹은 인간쓰레기라고 욕하고 낙인찍습니다. 과연 소년범들은 모두 나쁜 놈이고, 위험한 놈들일까요? 일부분은 맞기도 하지만, 틀린 부분도 상당히 많습니다.

소년들은 왜 법자가 됐을까요? 왜 나쁜 짓을 하는 걸까요? 애초부터 나쁜 놈으로 태어난 걸까요? 하늘이 알고 땅이 알지만 그렇게 태어난 생명은 단 한 명도 없습니다. 이 소년들이 법자가 된 까닭은 불우한 아이들의 손을 잡아주어야 할 세상이 차별하고 낙인찍기 때문입니다. 죄는 미워해도 사람은 미워하지 말라고 했는데 사람들은 왜 불쌍한 소년들을 미워할까요?

제가 만나고 돌본 소년들의 90%가량은 해체된 가정의 아이들이거나 부모의 사랑을 받아본 적이 없는 아이들이었습니다. 면회하러 올 사람도 없는데 누군가 면회 와주길 기다리는 소년, 엄마 아빠와 함께 사는 것이 최고 소원인 소년, 버림받은 분노로 자해한 소년, 가정폭력에 의해 품행 장애와 분노 조절 장애, 우울증 환자가 된 소년, 꿈과 희망이 뭔지도 모르는 소년들이었습니다.

『소년의 눈물』 연재 초반 사람들은 소년들을 미워했습니다. 예상했던 대로였습니다. 왜 나쁜 놈들을 변호하느냐, 쓰레기 같은 놈들이 저지른 짓을 알기나 하느냐, 내 자식이, 내 조카가, 내가 그놈들에게 당했는데 왜 가해자 편을 드느냐 등의 비난과 악성 댓글이 줄을 이었습니다. 『소년의 눈물』에 등장했던 일진 출신 소년, 자기의 잘못을 뉘우치고 학교폭력 예방 활동가로 나선 그 소년은 비난의 화살을 맞고 공황 장애까지 겪었습니다. 이대로 연재가 가능할까 하는 위기감에 연재 중단까지도 생각했습니다.

그런데 아이들이 왜 그렇게 됐는지 비행 사실 뒤의 가슴 아픈 진실을 알게 된 독자들이 눈물을 흘리기 시작했습니다. 가슴 아픈 아이들을 외면해서 미안하다고 했습니다. 월세방에 사는 분, 자녀를 키우는 엄마, 마음 따뜻한 동네 아저씨를 비롯한 4,073명이 펀딩에 참여하면서 『소년의 눈물』에서 7,000여만 원, 『소년이 희망이다』에서 1억 원이 넘는 후원금이 모였습니다. 어게인에 배당된 후원금

은 8,000여만 원이었고, 이 돈으로 경기도 부천에 소년희망공장 1호
점을 만들었습니다.

위기 청소년의 희망 기지

'소년희망공장'에선 우리 부부와 점장 한 명, 위기 청소년 일곱
명을 합해 모두 열 명이 일하고 있습니다. 위기 청소년들은 검정고
시를 준비하고 기술교육을 받기 때문에 파트 타임으로 일합니다.
이렇게 많은 사람을 고용하면 망하지 않을까? 저희도 4년째 걱정하
고 있지만, 한 번도 월급을 밀린 적이 없습니다. 저희 능력으로 설명
하기 힘든 부분입니다.

참고로 우리 부부는 자원봉사자로 소년희망공장에선 돈을 받지
않습니다. '소년희망공장'은 돈 벌기 위해 만든 가게가 아니라 위기
청소년의 자립을 돕기 위해 만든 일터입니다. 소년희망공장 직원들
인 소년들은 학원에 다니고, 기술을 배우고, 대입을 준비하고, 학교
에 다니는 등 주경야독하면서 미래를 준비하고 있습니다. 따라서
소년희망공장은 그냥 카페가 아니라 위기 청소년의 희망 기지입니
다.

열아홉 살에 소년희망공장에서 일을 시작해 올해로 스물두 살이
된 은혜는 3년된 고참으로 소년희망공장 에이스입니다. 은혜는 공
장에서 일하면서 검정고시로 고교 과정을 마친 뒤 대학에서 무대미
술을 전공하기 위해 미술 학원을 다니고 있습니다. 야간 매니저인
민우(24세)는 자신처럼 힘든 아이들을 돕기 위해 대학에 진학해 사회
복지와 상담을 공부할 계획입니다. 검정고시로 고교를 마친 승호

(17세)는 가수가 되겠다면서 보컬 학원에 다니고 있습니다. 그리하여 소년희망공장 아이들은 상처 난 조개에서 만들어지는 진주처럼 어려운 삶 속에서 빛나는 삶을 꿈꾸고 있습니다.

10년 후면 아이들은 어떻게 변해 있을까?

'소년희망공장'은 단순한 일터가 아닙니다. 소년희망공장은 아이들의 아픔을 치유하는 일터, 사회 적응훈련을 하는 일터, 꿈과 희망을 향해 달려가는 일터입니다. 불우한 환경 때문에 절망하고 좌절했던 아이들, 품행 장애와 분노조절 장애, 우울증을 앓았던 이 아이들이 희망의 일꾼으로 성장했습니다. 손님 응대조차 제대로 하지 못했던 아이들이 멋진 일꾼이 됐고, 공장을 책임지는 매니저로 성장했습니다. '10년 후에 아이들은 어떻게 변해 있을까?' 생각만 해도 가슴이 설렙니다.

세 명 중 두 명이 망한다는 자영업, 장사의 '장' 자도 모르고 시작한 '소년희망공장' 또한 망할 뻔했습니다. 그런데 JTBC의 〈나도 CEO〉 출연과 지원으로 기사회생했고, 과로로 쓰러지면서도 전력투구한 아내의 투혼, 위기 청소년의 꿈과 희망을 키워주신 분들의 후원 덕분에 '소년희망공장'은 위기 청소년의 희망을 생산하는 기지로 성장했습니다. 하루에 12~15시간 일하는 아내는 "죽을 만큼 힘들다"면서도 신나게 일하는 이유를 이렇게 말합니다.

"아이들이 변하기 때문이죠!"

소년희망공장에서 청소 담당인 저는 대청소를 하면서 기도합니다.

소년희망공장의 시작은 미약했지만, 더 창대해져 돈이 없어서 죄를 짓는 아이들, 오갈 곳이 없어 떠도는 아이들, 우울증에 걸려 죽음을 꿈꾸는 아이들, 가정폭력에 희생된 아이들, 아이들을 홀로 키우는 미혼모들을 위해 절망의 삶을 희망의 삶으로 바꿔주는 자립 일터, 아픔과 상처를 치유해주는 곳으로 더욱 성장하게 도와주세요. 일할 곳이 없어 방황하는 아이들을 더 많이 고용할 수 있도록 소년희망공장의 지경을 넓혀 주십시오. 이 아이들에겐 낙인보다 일터가 필요합니다.

소년희망공장이 4호점까지 늘었습니다

부천시청 옆 센트럴파크 푸르지오 상가 1층에 매장을 마련하고 개업 준비 중인 소년희망공장 3호점 스위트 그린은 미혼모 자립 일터입니다. 샐러드와 샌드위치, 컵밥과 덮밥, 컵 과일과 생과일주스 등의 매장 판매와 기업과 단체 등의 주문배달 전문 케이터링 매장으로 운영됩니다.

소년희망공장 3호점에선 미혼모 세 명을 비롯해 사회적 일자리로 파견된 분들을 포함해 모두 여덟 명이 일할 예정입니다. 코로나 위기로 모두 어려운 상황에서 미혼모 자립 매장까지 만들었습니다. 세미나와 모임 등 단체행사에 필요한 식사와 컵 과일, 다과와 음료 등의 케이터링을 주문받습니다.

지방자치단체와 정부 기관 등의 고객들은 소년희망공장이 납품한 케이터링에 감동했습니다. 최고의 재료로 정성껏 만들어 납품했기 때문입니다. 위기 청소년과 미혼모를 돕는 사회적 기업이지만 동정이 아니라 품질로 평가받겠습니다. 많은 응원과 주문 부탁드립니다.

2020년 7월 8일 편지

※추신

'소년희망공장' 이야기가 2020년 6월 26일(금) MBC-TV 〈어쩌다 하루〉에서 방송됐습니다. 소년희망공장의 꿈과 희망 이야기에 귀 기울여주시고, 응원해주시고, 함께해주시기를 부탁드립니다.

아내가 CBS에 출연했습니다

지난 8월 19일은 재혼 14주년 되는 날이었습니다. 이날 우리 부부는 딸, 아들과 함께 집에서 조촐한 파티를 하였습니다.

— Amor Fati, 운명을 사랑하라!
첫 결혼 실패가 너무 괴롭고 힘들어 운명을 원망했습니다.

— 다시는 사랑하지 않으리!
눈물 흘리며 가슴 치며 다짐하고 다짐을 했건만 무너진 가슴에 사랑이 찾아왔습니다. 춥디추운 가슴에 봄이 찾아왔습니다.

— 우리끼리 잘 먹고 잘살지 맙시다!

_2006년 8월 19일 결혼하면서

다신 눈물 고개를 넘지 않기로 했습니다. 오순도순 사랑하면서 잘 살기로 했습니다. 그러면서도 우리가 하나님을 믿는 사람으로서 그 뜻을 받들어 우리끼리만 잘 먹고 잘살지 않기로 합의했습니다. 그리하여 상하고 깨지고 버려진 아이들을 돌보라는 부르심에 순종한 우리 부부의 인생은 아모르 파티입니다.

버려진 이 아이들을 어찌할꼬

소년원에서 열일곱 소년을 만났습니다. 소년의 엄마는 암 투병하다가 하늘나라로 떠났고, 아빠는 엄마가 남기고 간 빚을 갚기 위해 공사판을 전전했습니다. 빈집에 남겨진 소년은 외로움과 배고픔에서 벗어나기 위해 거리를 떠돌다가 결국 비행을 저지르고 소년원에 들어갔습니다. 소년이 독감에 걸렸습니다. 제가 해줄 수 있는 것이라고는 잠깐 안아주는 것밖에 없었는데도 소년은 고마워했습니다. 그러면서 소년은 마치 제가 아빠인 것처럼 저를 향해 두 팔로 사랑의 손짓을 하면서 아빠를 사랑한다고 했습니다. 소년의 손짓이 너무 서글퍼서 〈10호〉라는 시를 썼습니다.

10호 처분받은
너는 억울하다고 했다
아내를 병으로 떠나보낸
너의 아버지는 판사에게
선처를 호소했지만 돌아온 것은
무능한 아비의 등 굽은 눈물이었다
너를 소년원에 보내고 객지로 떠나
공사판 떠돌이로 저녁을 술로 때운

너의 아버지는 면회도 가지 못한 아비를
용서해라 미안하다 술에 취해 울다 잠들고
까까머리 소년수인 넌 신입 방이 춥다고 했다
죽은 엄마도 억울하고 노가다 아버지도 억울하고
무전유죄의 10호 처분이 니기미 ×같다고 말했다
엄마가 살았으면 면회하러 올 텐데 하늘나라는 특별 사면도 없나
밤마다 술에 취한 아버지는 억울한 게 아니라 못난 거라는데
독감 걸린 너는 아버지가 불쌍하다고 사랑한다고 보고 싶다고
이불 덮어쓰고 덜덜 떨면서 홀아버지를 그리는 소년원의 겨울

_ 졸시, 〈10호〉 전문

다섯 명의 가출 청소년에게 물었습니다. A군은 "대형마트의 CCTV 사각지대를 이용해 음식을 훔쳐 먹어요"라고 했고, B군은 "조금 배고프면 굶고 너무 배고프면 빵 뜯거나 마트에서 훔쳐 먹어요"라고 했고, C군은 "마트에서 시식을 하거나 도둑질을 하고 누가 먹다 남긴 음식을 먹어요"라고 했고, D군은 "하루에 세끼를 다 먹지는 못해요, 돈이 없으면 같이 다니는 형이 빵 뜯거나 가게에서 사는 척을 하다가 물건(음식)을 가지고 도망치기도 해요"라고 했고, E군은 "마트에서 시식하거나 친구 집에서 얻어먹거나 슈퍼에서 먹을 것을 훔치거나 또래나 어린 사람에게 빵 뜯거나 어른들에게 도움(구걸)을 요청해 먹을 것을 해결해요"라고 했습니다.

잠은 어디에서 자는지 물었더니 이렇게 답했습니다. "건물 옥상, 화장실, 뒷골목, 지하 주차장, 창고, 놀이터, PC방, 찜질방, 모텔에서

잔다"고 했습니다. 어른 노숙인들은 노숙의 자유라도 있지만, 소년 노숙인에겐 노숙의 자유마저 없습니다. 그래서 어른들에게 들키지 않기 위해 도둑고양이처럼 숨어서 잘 수 있는 잠자리를 찾아다닙니다. 들키면 쫓겨나거나 경찰에 신고당합니다.

어른들은 가출 청소년에게 이렇게 말합니다. "왜 좋은 집 놔두고 가출해서 이 고생이니. 부모님이 기다리는 집으로 어서 들어가라"고 선도합니다. 가출 청소년들은 과연 편안한 가정을 놔두고 뛰쳐나온 철부지일까요? 아닙니다. 가족 갈등 때문에 가출한 청소년, 즉 귀가가 가능한 청소년은 일부분이고, 상당수는 가정 해체 등으로 돌아갈 가정이 없어졌거나 보호자의 학대(신체, 정서, 방임, 성) 때문에 귀가할 수 없는 소년들입니다. 이 소년들은 가출한 게 아니라 살기 위해 가정을 탈출한 것입니다.

소년의 불행을 외면하는
학교에서 무엇을 배워야 합니까.

소년의 눈물을 외면한
교회가 말하는 사랑은 무엇입니까.

아무리 배가 고파도 밥을 주지 않는
이 세상을 어떻게 살아야 합니까.

졸시, 〈소년희망공장의 꿈〉

버려진 소년들의 거리에서 이렇게 물었습니다. 하지만 세상은 아무런 답도 하지 않았습니다. 아예 모르는 척을 했습니다. 소년들은 부모와 세상이 자신들을 버렸다며 원망하고 자신들을 망치며 살아갑니다. 이런 상황에서 우리 부부는 무엇을 할 것인가? 망연자실할 수도 없고, 그렇다고 떠날 수도 없었던 우리 부부는 눈물로 씨를 뿌렸습니다. 그렇게 해서 2014년 어게인이라는 비영리 민간 단체를 만들었고, 2016년 9월 부천에 소년희망공장 1호점을 만들었습니다.

소년희망공장은 위기 청소년과 어린 미혼모를 돕기 위해 '스마일 어게인 사회적 협동조합'(이사장 최승주)이 운영하는 사회적 기업입니다. 소년희망공장은 제가 다음 스토리펀딩에서 연재한『소년의 눈물』(2015년)과『소년이 희망이다』(2016년)에 4,073명이 후원에 참여하면서 2016년 9월 경기도 부천에 만들어진 소년 희망 기지로 그동안 70여 명에게 일자리를 주었으며, 2020년 8월 현재 4호점까지 늘어났습니다.

'소년희망공장'은 아픔을 치유하는 일터입니다. 위기 청소년은 대체로 우울증과 품행 장애 등을 갖고 있습니다. 사회가 소년들을 외면하는 것은 이 때문입니다. 그래서 소년희망공장이 이 아이들을 품었습니다. 사회가 외면한 소년들을 채용하여 오래 참으며 기다려 주었더니 변했습니다.

위기 청소년들도 비행(非行)이 아닌 비행(飛行)을 하고 싶어 합니다. 소년희망공장 아이들은 아픔이 치유되면서 상처 때문에 꺾어야 했던 꿈과 희망의 날개를 폈습니다. 이 아이들의 비행은 갈매기 조

나단 리빙스턴의 비행 못지않게 아름답습니다.

소년희망공장은 사회 적응 훈련장입니다. 위기 청소년 비행에 따르는 사회적 비용(위기 청소년 28만 명에 대한 사회적 비용 26조 3,508억 원 발생. 한국 청소년 정책 연구원 윤철경 소장)이 막대합니다. 그런데 소년희 망공장이 위기 청소년들을 채용해 사회 적응 훈련을 한 결과 비행 소년들이 사회적 자원으로 거듭났습니다. 위기 청소년을 사회적 비용을 지출하게 하는 비행 청소년으로 방치할 것인가 아니면 사회 적 자원으로 거듭나게 할 것인가는 우리 사회에 달려 있습니다.

소년희망공장은 꿈과 희망을 키우는 일터입니다. 위기 청소년 의 70%가량은 빈곤 가정 출신으로, 가난한 부모처럼 삶이 벼랑으로 내몰리면 아이들은 꿈과 희망을 포기하고, 절망과 원망을 선택합니 다. 소년희망공장은 그렇게 되지 않도록 방어망을 쳐주는 저지선입 니다. 한 소년은 극단적 선택을 준비했었는데 그 계획을 버리고 매 니저가 됐습니다. 또 다른 소년은 작가의 꿈을 이루기 위해 주경야 독하며 대학 진학을 준비하고 있으며 또 다른 소년은 '소년희망공장' 의 점장이 되겠다는 꿈을 품었습니다.

아내에게

오랜만의 몸살입니다. 새벽 5시 30분에 일어나 밤늦게 귀가하는 고 된 일과로 인해 약골인 저는 또다시 몸살 났습니다. 그대는 나보다 10배는 더 힘들게 일하는 데도 참습니다. 나는 힘들면 몸살이 나고 말지만, 그대는 아무리 힘들어도 참습니다. 나는 힘들면 힘들다고 하지만, 그대는 묵묵히 견디며 헌신합니다. 하나님 보시기에 나는 엉터리 일꾼 그대는 진짜 일꾼이라며 칭찬하시겠지만, 2년 전에도 과로로 쓰러져 병원 신세를 졌기에 나는 그대가 쓰러지는 것이 가장 걱정입니다.

우리 부부의 사랑은 필연이었습니다. 너희만 사랑하지 말고 사랑하기 힘든 세상의 아이들까지 사랑하라는 하늘의 부르심에 순종하는 종이 되었으니 우리 부부의 사랑은 더욱더 아름다운 열매를 맺을 것입니다. 나의 구원자인 아내여, 당신으로 인해 아팠던 인생이 치유되었으니 그 사랑에 감사드리지 않을 수가 없습니다.

사랑하는 아내여, 감사합니다!

2020년 8월 26일 편지

※ 추신

어게인 대표 아내 최승주 권사가 CBS 〈더 콜링, 부르심의 소명〉 36회 방송에 출연했습니다.

코로나·해고·폐업에 맞서는 소년희망공장

"사장님도 정규직도 알바·막노동 … 현실화된 줄폐업"

_국민일보 9월 22일 기사 제목

"코로나로 매출 급감·폐업 증가 … 코로나 사태로 더 해진 자영업 3중고"

_머니투데이 7월 28일 기사 제목

'코로나 고용 쇼크' 일시 휴직 126만 명 급증 … 휴직, 구직 포기는 177만 명 늘어"

_동아일보 4월 18일 기사 제목

"신종 코로나바이러스 감염증 이후 시작된 줄폐업 사태는 자영업자와 정규직 노동자들을 대거 하위 노동 시장으로 끌어내렸다. 기존 비정규직 노동자, 식당 일용직 등 비숙련노동자들의 일감 경쟁은 더 치열해졌다. 지난 3월 코로나 충격으로 가장 먼저 타격을 받은 노동자들의 상황은 지난 6개월 동안 더 아래로 내려가 있었다.”

코로나로 인한 자영업자의 줄폐업 사태 관련 「국민일보」의 9월 22일자 보도 도입부입니다. 자영업을 하는 조 씨(62세)는 월세 인상과 매출 감소에 시달리다 소상공인 대출로 재료비 등의 외상값을 갚았지만, 장사가 되지 않아 폐업을 결정하고 알바를 뛰기로 했다고 합니다. 또 다른 자영업자 박 씨(41세)는 막노동 일감을 따기 위해 매일 새벽에 집을 나섰지만, 공치는 날이 절반이라고 합니다.

자영업자들은 불황 가운데 코로나 팬데믹까지 덮치면서 영업 중단 또는 축소 등의 조치로 매출이 감소하고, 월세와 인건비를 충당하기 위해 빚을 내고, 연체 이자에 쫓기다 파산 신청하는 사람들이 늘고 있다고 합니다.

정말 무섭습니다. 자영업자들은 생전에 겪어보지 못한 위기와 두려움에 떨고 있습니다. 어게인 또한 어려움에 직면했습니다. 위기 청소년을 위한 무료 급식소 운영을 중단해야 했고, 2018년에 시작한 스포츠 프로그램 “희망의 한판승”도 중단됐습니다. 가장 큰 피해는 소년희망공장에서 발생했습니다. 소년희망공장은 위기 청소년과 미혼모에게 일자리를 제공하기 위해 운영하는 사회적 사업이지만, 업종은 3명 중 2명이 망한다는 자영업입니다. 이 업종을 선택한 것은 위기 청소년과 미혼모들이 선호하고, 기술 습득이 쉽고, 대중 접근성이 용이하기 때문입니다. 소년희망공장 1호점은 숱한 어려움을 극복, 흑자로 전환하면서 우수매장에 선정됐지만, 코로나 사태를 피하진 못했습니다.

그중 가장 큰 피해는 미혼모 자립을 돕기 위해 경기도 부천시 중동에 만든 소년희망공장 3호점에서 발생했습니다. 소년희망공장 3호점 '스위트 그린'(케이터링 전문매장)은 지난 3월 개업했습니다. 3호점은 '사회복지공동모금회'(회장 예종석)와 글로벌 유통기업 '애터미'(회장 박한길)의 도움으로 만들어졌습니다. 애터미가 미혼모를 돕기 위해 사회복지공동모금회에 100억 원을 기부하면서 시작된 공동모금회 공모사업 2020 애터미 "생명을 여기는 맘"에 어게인이 선정되면서 소년희망공장 3호점이 만들어졌습니다. 문제는 선정될 때만 해도 코로나 팬데믹이 발생할 줄은 꿈에도 생각하지 못한 것입니다.

1년간의 시범사업과 준비를 거치면서 소년희망공장 3호점 문을 열었는데 코로나 팬데믹에 휘청거리고 있습니다. 코로나 사태가 언제 끝날지 모르기에 두렵습니다. 하지만 어게인은 아이들을 지키고 있습니다. 소년 희망의 깃발을 내리지 않았습니다. 굶주리는 아이들이 없도록 드라이브스루로 도시락을 배달하고, 폐업과 해고의 사태 속에서도 소년희망공장 3호점을 개업하고 미혼모를 채용했습니다. 소년희망공장 1호점은 학교 밖 청소년을 더 채용했습니다.

코로나 팬데믹 사태 속에서도

'위기청소년의 좋은친구 어게인'은 코로나 팬데믹 사태 속에서도 다음과 같이 많은 사업을 진행했습니다.

— 원미경찰서와 업무 협약

─ 인천가정법원과 원미경찰서로부터 비행 청소년 위탁 교육

─ 부천시 청소년법률지원센터 위탁 계약 및 운영

─ 부천시 청소년지원센터와 학교 밖 청소년 취업프로젝트 드림 잡 업무 협약

─ 위기 청소년과 그 부모의 회복을 위한 상담 치료 프로그램 운영

─ 무료 급식소 폐쇄에 따른 드라이브스루 등의 방식으로 도시락 배달

─ 위기 청소년과 미혼모 가정 방문 및 분유와 쌀 등 생필품 지원

─ MBC · CBS 방송 출연

─ 정식 홈페이지 개설 등

'위기 청소년의 눈물을 닦아 주리라'라는 마음을 품고 뛰어든 지 어느덧 10여 년이 되어갑니다. 아무리 잘하려고 해도 잘할 수 있는 게 없으니 아무것도 자랑할 것이 없습니다. 그러므로 말씀을 따를 수밖에 없습니다.

내 아버지께서 이제까지 일하고 계시니, 나도 일한다(요 5:17).

매출 급감과 폐업 증가, 휴직과 해고 그리고 구직 포기와 같은 코로나 사태에 문을 닫지 아니하고 오히려 문 열게 해 주셨는데 이게 어찌 저희 능력일까요.

벼랑 끝에서 더 끝으로 내몰리는 위기의 아이들, 이 아슬아슬한

아이들이 코로나 사태에 쫓기면 어디로 갈 것인가? 바이러스보다 더 무서운 게 생계인데, 이들을 소년희망공장에서 안전하게 보호할 수 있으니, 이른 나이에 엄마가 된 미혼모를 채용할 수 있게 됐으니 어찌 감사하지 않을 수 있으며 어찌 기도하지 않을 수 있을까요. 위기에 처한 아이들과 어린 미혼모를 지켜주신 여러분에게 감사드립니다. 여러분의 도움이 아니었으면 아이들과 미혼모를 지키지 못했을 것입니다.

그러므로 어게인은 잘했다 자랑하지 아니하고 다만 묵묵히 일하겠습니다!

_ '위기청소년의 좋은친구 어게인' 올림

2020년 10월 21일 편지

'씨앗 커피' 드시러 오세요

국제변호사를 꿈꾸던 열여덟 유학 소녀가 있었습니다. 봄에 태어나서 봄이라고 지었습니다. 국제변호사가 꿈이었던 소녀는 중학교 2학년 때 미국으로 유학을 떠났고, 자신의 꿈을 이루기 위해 열심히 공부한 결과 평균 학점 4.0 이상의 우수한 성적을 거두면서 하버드대학교와 예일대학교에 입학 원서를 냈습니다.

그런데 시카고에 가을이 오던 10월, 소녀는 그만 교통사고를 당했습니다. 그리고 일주일째 의식을 회복하지 못했습니다. 의료진은 어쩔 수 없이 뇌사 판정을 내렸습니다.

"뇌의 기능은 완전히 정지되고 장기만 살아있는 상태가 뇌사예요. 봄이는 아무리 부르고 깨우고 기다려도 살아 돌아오지 못해요. 여보, 봄이의 장기를 죽어가는 환자들에게 나누어 주어요. 그래서 그 환자들을 살리고 봄이는 하늘나라로 떠나보냅시다."

의사인 봄이 엄마는 봄이 아빠에게 뇌사를 설명하면서 장기 기증을 제안했습니다. 봄이는 이를 예견했던 것일까요? 미국에서 운전면허증을 취득하면서 장기 기증을 하겠다고 약속한 것입니다.

봄이 아빠는 봄이를 영원히 살게 하자는 아내의 고귀한 뜻을 받아들였습니다. 그리하여 봄이의 심장, 각막, 콩팥, 간 등은 미국인 환자 다섯 명의 생명을 구했습니다.

　봄이가 살아있다면 올해로 마흔세 살입니다. 하지만 영원한 소녀인 봄이는 죽음으로 인생을 끝내지 아니하고 하늘나라에서 영원한 생명을 누리고 있습니다.

은총과 기쁨을 남기고 떠나신 김성규 장로님

고(故) 김성규(73, 동진 산업기술 명예회장) 장로님이 다섯 분에게 새 생명을 선물로 나눠주고 하늘나라로 떠나셨습니다. 모두 죽은 채로 지상을 떠나는데 장로님께선 멋지게 살아서 하늘나라로 가시는군요. 은총과 기쁨을 나눠주며 일흔셋 인생 여행을 고이 마치고 떠나는 장로님의 그 발걸음을 잘 간직하겠습니다.

　김성규 장로님에 대한 애도사입니다. 김 장로님은 회사 임원 연수 모임에 참석했다가 골프장 계단에서 실족하는 불의의 사고로 머리를 다치면서 수술 후 중환자실로 옮겨졌으나 끝내 뇌사 상태가 됐습니다. 장로님은 인생 여행을 잘 마칠 준비를 하셨습니다. 뇌사 시 장기 기증과 사후 각막 기증 서약을 해두셨던 것입니다. 99.9% 뇌사인 가운데 0.1%의 미세한 파동(뇌파)만 있는 아버지가 소생할 가능성은 없다고 판단해 의사인 큰아들이 장기 기증을 결정했습니다.

　김 장로님은 대구사범학교 4회 졸업생으로 1년간 교사 생활을 한 교육자 출신 기업가입니다. 장로님 빈소에 20~30대 청년 여덟 명이 나타났는데 이들은 장로님의 장학금으로 박사학위를 이미 취득했거나 취득하기 위해 공부하는 학생들이었습니다.

성균관대학교 이사였던 장로님은 인재 양성을 위해 3억 원을 기탁 하셨습니다. 장로님의 장학 사업에 의해 여덟 명의 박사가 탄생했고, 7명은 박사 취득을 위해 공부 중이었던 것입니다. 김 장로님의 도움으로 박사가 된 인재들은 훌륭한 연구 개발로 우리 사회를 발전시키고 있습니다. 아름다운 인생 여행을 잘 마치고 본향으로 돌아가신 장로님은 하늘나라에서 영원한 생명을 누리고 계실 것입니다.

소년희망공장으로 '씨앗 커피' 드시러 오세요

11월 1일부터 12월 말까지 두 달 동안 소년희망공장 1호점(컴포즈 커피 부천 중동 중앙점), 2호점(컴포즈 커피 마곡나루점), 3호점(샐러드 전문점 스위트 그린)에서 '생명의 씨앗 커피' 캠페인을 진행합니다. '씨앗 커피' 캠페인은 보건복지부 산하 기관인 '한국장기조직기증원'(원장 조원현)이 코로나로 어려워진 소상공인 지원과 생명나눔 활성화를 위해 진행하는 사회공헌 프로모션입니다.

'씨앗 커피' 캠페인 기간에 소년희망공장을 방문한 장기·인체조직기증 희망을 등록하신 분과 새롭게 기증 희망 등록하신 분에게는 음료 10%를 할인해 드립니다. 기증 희망 등록이란 봄이 씨와 김 장로님처럼 불의의 사고로 뇌사에 이르는 경우 혹은 사망하였을 때 장기 및 인체조직을 대가 없이 기증하겠다는 의사 표시입니다.

아내는 1991년에 등록했고, 저는 2007년 신장 기증 수술을 하면서 등록했습니다.

기증 희망을 등록하고 싶었는데, 방법을 모르거나 바빠서 등록하지 못한 분들은 소년희망공장을 방문하시면 안내받을 수 있습니다. 소년희망공장에서의 신규 등록 방법은 컵 홀더 및 홍보물의 QR 코드 스캔 후 핸드폰 인증을 통해 온라인 등록이 가능합니다. 이와 함께 매장 내 비치된 서약서 작성 후 비치함에 넣으시면 됩니다. 신규 기증 희망 등록자에게는 음료에 대한 10% 할인과 함께 씨앗 키트(마스크줄, 드립백 또는 쿠키)가 제공됩니다.

열여덟 소녀 봄이는 불의의 사고를 당했으나 죽음으로 끝나지 아니하고 영원한 생명의 길을 택했고, 김성규 장로님은 꺼져가던 생명으로 다섯 생명을 살리면서 인생 여행을 잘 마치셨습니다. 삶의 끝이 죽음으로 끝나지 않고 생명으로 생명을 살린 열여덟 소녀 봄이와 일흔셋 김 장로님처럼 나 또한 그러면 좋겠습니다. 인생 여행 잘 마치고 싶습니다.

2020년 11월 4일 편지

경기도지사에게 상 받았습니다

어게인의 최승주 대표가 이재명 경기도지사로부터 표창장을 받았습니다. 연대 활동을 통하여 사회적 경제 활성화와 발전에 기여한 공로가 크다고 표창해 주신 것입니다. 저희 부부가 위기 청소년과 미혼모 사역을 하면서 다짐한 것이 있습니다.

첫째, 언론에 등장하기 위해 쇼를 하지 말 것.
둘째, 상이나 훈장을 받으려고 포장하지 말 것.
셋째, 아무리 어려워도 아무에게나 손 벌리지 말 것.

그런데 상을 받았으니 조금은 부끄럽게 됐습니다. 세상의 어떤 상과 권세가 하늘의 상급만 할까요. 가난한 아이들의 눈물을 닦아주어야 한다며 나선 길, 주님이 가라고 하신 이 길에서 혹시라도 헛된 세상 권세와 명예에 취해 본질을 잃어버리는 어리석은 짓을 하지 않도록 저희 어게인을 위해 기도해 주시고, 감시해 주시길 부탁드립니다.

2021년 새해가 열렸지만 가난한 사람들은 더 어렵습니다. 그래서 더 힘들어지는 위기 청소년과 미혼모를 돕는 일에 정성을 다하겠습니다. 더 정직하고 더 진실하게 일하겠습니다.

2021년 1월 6일 첫 편지

소년희망공장은 진짜 희망 공장인가

총회 보고서와 재무 상태 보고서, 공동모금회에 제출할 사업 정산 등 각종 보고서를 작성하고 제출하느라 힘들었습니다. 바쁘고 힘들었지만 2020년 결산을 잘 마쳤습니다. 그리고 인천가정법원이 어게인에 위탁한 보호 소년 특별 교육을 4월 5일부터 사흘간 진행하고 있습니다. 위기 청소년을 위한 무료 급식 사업 또한 다시 시작되는 등 사업이 본격화되면서 현장 책임자인 아내의 어깨는 더 무거워졌습니다.

신장염 환자인 아내의 십자가

소년희망공장 운영 주체인 '스마일 어게인 사회적 협동 조합' 대표인 아내는 코로나 팬데믹으로 위기에 처한 소년희망공장 3호점(스위트 그린)의 운영난을 타개하기 위해 현장에 뛰어들었습니다. 이대로 가면 상당한 빚을 떠안으면서 폐업이 불 보듯 뻔했고, 그 불똥이 소년희망공장 1호점을 비롯한 어게인에까지 튈 것이 예상되자 아내는 결단을 내렸습니다. 자신이 십자가를 지지 않으면 안 되는 절박한 상황을 직시한 아내는 직원들을 구조 조정한 뒤 설거지부터 음식 조리 등을 도맡았습니다. 그리고 저는 도매시장에서 아침 장을 보고, 매장 청소와 배달부의 임무를 수행하고 있습니다.

주말 휴일과 휴식이 또다시 없어졌습니다. 새벽 6시에 출근해 밤 9~10시에 귀가하는 아내는 주 7일 70시간 이상의 장시간 노동에도 일이 자꾸 쌓이자 귀가해서도 쉬지 못하고 자정 넘도록 일하다가 잠시 눈을 붙이지만 꿈에까지 쫓아 온 밀린 업무를 처리하기 위해 새벽에 깨어 또 일합니다. 그렇게 일해도 쓰나미처럼 덮치는 일에 지친 아내가 혼잣말합니다.

"이러다 죽을 것 같아…!"

신장염 환자인 작달막한 아내에게 위기 청소년의 십자가, 미혼모의 십자가, 월세 십자가, 인건비 십자가 등이 어깨를 짓누르지만, 그 누가 대신 져줄 수 없는 십자가입니다.

이 아이들을 찍어 버릴 순 없습니다

가난과 가정 해체 등의 상처로 얼룩진 위기 청소년들이 열매 맺지 못하는 무화과나무라면 그대로 두어 땅만 버리게 하겠습니까. 열매 맺지 못하는 나무라면 찍어 버리라고, 무엇 때문에 땅만 버리게 하느냐는 포도원 주인의 성화에,

> 주인님, 올해만 그냥 두십시오. 그동안에 내가 그 둘레를 파고 거름을 주겠습니다. 그렇게 하면, 다음 철에 열매를 맺을지도 모릅니다. 그때 가서도 열매를 맺지 못하면, 찍어 버리십시오(눅 13:8-9).

라고 사정한 포도원지기의 심정으로 소년들의 아픔을 감싸주고, 눈물을 닦아주며, 올해만, 올해만 사정하며 희망이란 거름을 주었더니 소년희망공장 1호점에서 열매들이 주렁주렁 열리기 시작했습니다.

교도소에 간 엄마를 대신해 동생을 돌본 소녀는 일과 공부를 병행하여 꿈에 그리던 대학에 진학했고, 부모에게 버림받은 뒤 쉼터 등을 전전하면서도 향학의 꿈을 포기하지 않은 소년은 공사판 잡부와 택배 상하차 아르바이트로 일하는 틈틈이 공부한 결과 우수한 성적을 거두면서 대학생이 됐습니다.

연변 소녀 영혜(17세)는 오는 8월에 시행되는 고등학교 검정고시를 보기 위해 공부를 다시 시작하기로 했습니다. 이번에도 채송화 수녀님이 도와주셨습니다. 가장 기쁜 열매는 민우(24세)입니다. 4년 전 극단적인 선택으로 이 세상에서 사라져 버릴 계획을 세웠던 민우는 마지막 정거장인 소년희망공장에 잠시만 들렀다 가려고 했는데 뜻대로 되질 않았습니다. 민우는 현재 소년희망공장 1호점을 책임지는 매니저입니다.

민우의 가슴 아픈 가정사를 들으면서 이 세상을 등지고 싶은 민우 마음을 이해할 수 있었습니다. 민우의 어린 시절부터 엄마가 심각한 정신병에 들면서 양육과 보호를 받지 못했습니다. 게다가 전국을 떠돌아다니며 공사판에서 일하던 민우 아빠는 결국엔 몸을 다치고 말았습니다. 누구의 도움도 받지 못한 어린 민우는 어둡고 배고픈 빈집이 무서워서 거리를 떠돌았습니다.

소년희망공장에서 민우의 역할은 손님에게 주문받고 커피 등의 음료를 내어주는 일인데 우울중 환자인 민우는 주문은커녕 같이 일하는 동료들과 어울리지도 못했습니다. 일꾼으로서 역할은커녕 걸림돌로 작용했습니다. 다른 카페 같았으면 금방 잘렸을 것입니다. 그래도 위기 청소년의 자립을 돕기 위해 만든 공장이어서 올해만, 올해만을 되뇌며 석삼년을 기다렸더니 민우의 어둡던 눈빛이 새벽 별처럼 빛나기 시작했습니다. 그렇게 힘들고 아팠던 민우는 느린 달팽이처럼 조금씩 조금씩 성장하더니 매니저로 승진했습니다. 현재의 민우는 소년희망공장의 진짜 희망입니다. 일도 잘하고 성실할 뿐 아니라 책임감도 남다른 청년입니다. 민우는 자신처럼 불우한 아이들을 돕고 싶다면서 2021년 올해 사이버대학 상담학과에 진학했습니다.

소년은 희망의 나무입니다

우리가 진실한 포도원지기라면 나무가 좀 상했다고 찍어 버리겠습니까. 제대로 가꾸고 거름을 주지도 않았으면서 어찌 열매를 맺지 않느냐고 채찍질만 하겠습니까. 이 아이들이 희망의 나무가 되어 열매 맺으려면 저희가 더 바쁘고 더 힘들어야만 합니다. 다만 죽지 않고 일한 만큼만 힘들었으면 좋겠습니다.

'가다 쓰러지면 이 십자가를 누가 대신 져줄까?'

무겁고 괴로운 십자가를 누가 질까 생각만 해도 눈물이 납니다. 죽지 않고 일한 만큼만 힘들어야 합니다. 사명을 감당하지 못하고 쓰러지는 것도 무책임한 것이므로 죽지 않을 만큼만 힘들었으면 좋겠습니다.

그러므로 거듭 선언합니다. 소년은 희망의 나무가 맞습니다.
찍어버려야 할 나무가 아닙니다.

2021년 4월 7일 편지

2021년, 송구영신

사무실이 집이 됐습니다. 지난주에는 집에서 잔 날보다 사무실에서 잔 날이 더 많았습니다. 다른 것은 괜찮은데 찬물에 씻는 것이 힘듭니다. 한파주의보가 내린 그제(29일)는 찬물에 씻다가 칼에 베인 것처럼 너무 아파서 비명을 질렀습니다. 사무실 한쪽 간이침대에 놓인 침낭 속에서 번데기처럼 웅크리고 전기장판에 추위를 녹이면서 곤한 잠을 잤다가 새벽 5시 무렵에 일어나서 도매 시장으로 달려갔습니다. 소년희망공장 3호점에서 사용할 재료를 사기 위함입니다.

어둠조차 언 것 같았습니다. 상인들도 채소도 꽁꽁 싸맸습니다. 봄, 여름, 가을 새벽 시장은 활기찬 데 반해 한겨울 새벽 시장은 힘들고 무섭습니다. 아무리 추워도 아무리 힘들어도 얼어버리면 안 됩니다. 채소가 얼면 팔지 못하고 버려지듯이 인생 또한 얼어버리면 삶이 버려집니다.

사는 게 힘듭니다. 그래서 삶인 것 같습니다. 비영리 민간단체인 어게인을 운영하는 일 또한 힘들었습니다. 그렇지만 절망에 굴한 적은 없습니다. 가시밭길을 걸으면서 희망을 키웠습니다.

어린 미혼모들과 위기 청소년들을 돕는 공익 활동가로 산 지가 어느덧 십 년이 됐습니다. 강산이 변할 정도의 세월, 힘겨운 세월을 지나왔지만, 희망의 싹들을 틔우기 위해, 어렵게 구한 희망을 나누기 위해 앵벌이 하듯 손 벌린 적은 없습니다. 힘들고 고달프게 일하면서 살아왔지만, 정직하고 진실하게 일하려고 애썼습니다. 어느 시인의 시구처럼 이렇게 살아온 것이 기적입니다. 이 기적이 살아갈 기적이 되면 좋겠습니다.

코로나 팬데믹으로 자영업자들이 망하는 판국에도 소년희망공장은 잘 견디고 있습니다. 소년희망공장 아이들은 희망을 키우고 있습니다. 이것은 진정 기적이고, 이 기적이 계속되면 좋겠습니다.

2021년은 정말 힘들었습니다. 기적을 일구게 해주신 여러분이 아니면, 사랑과 희망으로 함께해 주신 여러분이 아니면 이 어두운 터널을 헤쳐 나가지 못했을 것입니다. 감사합니다. 정말 감사합니다. 2022년, 내년에도 사랑의 빚을 지겠습니다.

서로 사랑하는 것 외에는, 아무에게도 빚을 지지 마십시오. 남을 사랑하는 사람은 율법을 다 이룬 것입니다(롬 13:8).

2021년 12월 31일 편지

2022년, 첫 편지

힘든 길을 걸어온 지 어느덧 10여 년입니다. 걸으면 걸을수록 힘든 길입니다. 힘든 길을 힘들지 않게 걸을 방법이 없음을 깨닫습니다.

2022년 올해도 힘들 것입니다. 걷다가 지쳐서 쓰러지기도 하고, 이대로 주저앉고 싶기도 할 것입니다. 무엇보다 버려진 상처로 자신을 망치는 아이들, 그 아이들을 어떻게 할 수 없어 망연자실할 때가 가장 힘듭니다.

절망의 가시밭에서 희망의 싹을 틔우는 일이 힘들고 괴롭지만, 그래도 가라고 하신 길이니 아이들과 함께 쓰러지고 일어서면서 소년 희망의 가시밭길을 걸어가겠습니다. 절망이 절망 그대로 끝난다면 가지 못할 길입니다. 하지만 절망 끝에 희망이 매달려 있기에 걸어갑니다.

봄을 노래하는 새들은 혹독했던 겨울을 연연하지 않듯이 절망에서 희망으로 발걸음을 옮긴 아이들로 인해 그동안의 힘겨움과 괴로움이 눈 녹듯이 사라집니다. 그래서 위기 청소년의 좋은 친구 어게인이 겨울을 이긴 봄처럼 새해 첫인사를 드립니다.

"누가 뭐라고 해도 소년은 희망입니다!"

2022년 1월 5일 편지

밑바닥에서 부르는 노래

> 바람이 휘몰던 어느 날 밤 그 어느 날 밤에
> 떨어진 꽃잎처럼 나는 태어났다네
> 내 눈에 보이던 아름다운 세상 잊을 수가 없어
> 가엾은 어머니 왜 날 낳으셨나요
>
> _이탈리아 번안곡 〈1943년 4월 3일생〉 가사 일부

이탈리아 볼로냐에서 1943년 태어난 싱어송라이터 루치오 달라(Lucio Dalla)의 〈1943년 3월 4일생(4 Marzo 1943)〉은 1971년 산레모 가요제에서 3위로 입상한 칸초네로, 우리나라에선 맹인 가수 이용복이 같은 제목으로 번안해 부르면서 대중의 심금을 울렸습니다. 검은 안경을 쓴 맹인 가수 이용복이 "가엾은 어머니 왜 날 낳으셨나요"라며 절규하며 노래 부르는 대목에선 가슴이 미어졌습니다.

노점상 모친은 연년생인 저를 떼려고 했습니다. 병으로 죽고, 물에 빠져 죽고, 전쟁 통에 죽고, 죽고 또 죽고…. 11남매 중 홀로 살아남은 기구한 순흥 안 씨(順興 安氏), 충북 중원군 소태면 출신으로

고아나 다름없는 처지로 타관 객지 생활에 지친 모친은 따뜻한 밥 한술 뜨고 싶어 평안남도 대동군 용연면 천리가 고향인 아바이 배천 조 씨(白川趙氏)와 혼례도 없이 영등포 역전 피난민촌(현재 영등포 신세계백화점) 하꼬방(상자 같은 작은 집이란 뜻의 일본어로 판자촌을 지칭함)에서 살림을 시작했습니다.

알고 보니 열여섯 차이인 늙은 사내 배천 조 씨는 북녘 고향에 처자식을 두고 온 사내, 노점 단속반에 물건을 빼앗긴 날이면 술에 취해 울며불며 오마니를 부르는 눈물 많은 사내…. 피난민촌 중매쟁이에 속은 게 분해 그만 살려고 했는데 첫아들이 태어난 것입니다. 방직 공장인 경성방직(현재 영등포 경방 타임스퀘어)에서 일하다 얻은 폐병과 천식 때문에 영등포 역전 노점에서 어린 자식 데리고 오꼬시(강정)와 강냉이를 팔며 생계를 잇는데, 38 따라지 배천 조 씨와 사느니 못 사느니 지겹도록 싸우는데 두 번째 생명인 제가 모친 뱃속에 들어찬 것입니다.

금계랍(金鷄蠟, 학질약) 수십 알을 먹고 독한 간장을 들이마시면 떼어낼 수 있다는 말에 머릿속이 맴맴 돌고 속이 뒤집히도록 먹었는데도 모진 생명이었던 저는 영등포 피난민촌 하꼬방에서 음력 1959년 12월 29일생으로 태어났습니다. 산파를 청하지 못할 정도로 가난했던 모친은 산고의 아픔을 이 악물어 버티면서 스스로 탯줄을 끊었다고 했습니다. 탯줄을 목에 걸고 태어났다고 해서 저의 아명은 '태진'입니다. 불효자가 노래 부르니 "가엾은 어머니 왜 나를 낳으셨나요!"

1976년 영등포 시립병원에서 눈 감은 배천 조 씨는 벽제 화장장에서 한 줌 재가 되어 북녘 고향으로 떠나고, 소년원 출신 연년생 형은 순천교도소에 갇혀 있고, 패싸움 난투극에 무기정학 처분을 받고 공업고등학교 야간을 겨우 졸업한 저는 야간 작업에 지쳐 코피를 쏟다가 때려치우고 여천공단 공사 현장 노가다를 전전하다 문학병이 들어 세상천지 방황하는 뱃놈이 되었다가 속세를 등지겠노라 입산했지만, 반야심경도 외우지 못한 채 하산해 구로공단 프레스공이 되어 노동해방의 붉은 깃발을 들었습니다.

사랑하긴 했는데 못 믿을 사랑이 깨지면서 어린 자식 데리고 남부여대(男負女戴), 배천 조 씨 아바이처럼 울며불며 헤매다 눈물의 사내를 만났습니다. 그 사내 하는 말이 "나도 너처럼 밑바닥 출신이다. 허름한 여관 말구유에서 태어나 밑바닥을 전전하며 살아온 인생, 너만 버림받은 게 아니라 나도 버림받았으므로 거기서 만나자. 눈물로 밥을 말아 먹고, 한숨으로 춤을 추는 땅 갈릴리에서 만나자!"라는 말에 이끌려 마흔여덟에 도착한 가리봉 밑바닥 인생의 거리, 코리안드림에 실패한 이주 노동자와 다문화 가정 사람들과 눈물밥을 먹으면서 6년의 세월을 보냈습니다.

연쇄 방화범 다문화 소년을 면회했습니다

2012년 5월, 성동구치소 접견실에서 만난 방화범 소년의 눈에서 어미에게 버림받은 소년원 출신 형을 봤습니다. 어미에게 버림받은 이 소년도 자칫하면 연년생 형처럼 소년원과 교도소를 드나들며 살 텐데…. 아이들의 딱한 처지를 보고 차마 외면할 수 없어서이기도 하려니와 어미에게 버림받은 가난한 아이들의 눈물이 내가 흘린

눈물과 같아서 법자(법무부의 자식들)들의 땅 갈릴리, 미혼모의 땅 갈
릴리로 발길을 향했습니다.

　　부천역 뒷골목 으슥한 갈릴리
　　원미동 반지하 단칸방 갈릴리
　　동거하던 보육원 출신 사내는 달아나고
　　두 아이 혼자 키우는 보육원 출신 미혼모의 갈릴리
　　어미는 어릴 적에 떠나고 알코올 중독
　　아비에게 맞으며 자란 떠돌이 소년의 갈릴리
　　우울증 환자인 키 작은 소년의 갈릴리
　　미혼부의 아들로 태어나 할머니 손에서 자라
　　아비처럼 미혼부가 된 소년원 출신의 갈릴리
　　그 땅의 구원자인 나사렛 사내가 당부하노니

"나의 형제들아! 어린 누이들아! 고통과 신음의 땅 갈릴리에서
만나자. 그 땅 갈릴리는 팔레스타인 북부 지방만이 아니란다. 눈물
로 밥을 짓고 한숨으로 생을 잇는 형제여! 누이여! 애통해하는 자의
땅은 복이 있나니 그 땅이 위로받을 것이므로 눈물의 고개를 넘으며
울며불며 남부여대하는 나의 밑바닥 형제들아, 우리 갈릴리에서
눈물 바람으로 만나자. 꼭 만나자 우리!"

　　난민촌에서 태어나 판자촌에서 자란 밑바닥 출신이 무슨 문학을
한답시고 까불겠습니까. 글공부 좀 한답시고 먹물 행세를 하겠습니

까. 밑바닥을 전전하다 가슴속 울분과 눈물을 토해낸 것이 시라면 시겠습니다만, 인생이 아름답지 않았는데 어찌하여 아름다운 시를 쓸 수 있겠습니까. 밑바닥 인생이 무슨 재주로 고결하고 순결한 시를 잉태할 수 있겠습니까. 설사 그런 시를 흉내 낸다 한들 그 시가 어찌 나의 시가 될 수 있으며, 어찌하여 시가 삶보다 중할 수 있겠습니까.

시를 써야 한다면 마땅히 밑바닥 시를 쓰겠습니다. 그리하기로 하고 이름하여 〈바다 _ 시편〉으로 정했으니 눈물 나면 눈물 나는 대로, 봄볕 따스하면 봄볕 시편을 띄울 작정이니 그대, 〈바다 _ 시편〉을 받아보시려거든 밑바닥 인생들이 차린 눈물의 밥상에 둘러앉아주시길, 가슴속 어두운 곳에 쌓아둔 아픔들을 깨워주시길, 버림받은 아픔 때문에 그리운 사람을 미워하는 그대들이여 부디 상처 입은 서로를 긍휼히 안아주시길 부탁드리면서 첫 번째 〈바다 _ 시편〉을 띄우니 잘 받아주시길….

죄 중에
가장 큰 죄는
주일을 지키지 않는 죄가 아니고
십일조를 내지 않는 죄도 아니고
피눈물 흘리는 이웃을 보고도
눈 깜짝하지 않고 밥 잘 먹는
무정(無情)한 죄가 가장 큰 죄라고
눈 맑은 목사님이 말씀하셨다.

그 말에 무조건 아멘 했다.

_ 졸시, 〈아멘〉

19년 전, 남도의 한 교회였습니다. 강단에 선 홍순관 목사님의
발음은 어눌했습니다. 알고 보니 홍 목사님은 미국과 캐나다에서
30여 년간 이민 목회를 하고 은퇴한 뒤 귀국했기에 한국말이 서툴
수밖에 없었습니다. 1937년 황해도 해주에서 태어나 동족상잔의
6.25 전쟁 때문에 이남으로 피난 내려와 전라선 종착역 여수의 판자
촌에서 유년기를 보낸 목사님은 숭실대학교에서 서양철학을 공부
한 뒤 장로회신학대학원과 미국 사우스이스턴 침례 신학교에서 종
교교육학을 공부하고, 한국의 군부 독재 정권에 맞서면서 재일 교포
지문 반대 운동에 참여했던 정의로운 목자였습니다.

홍 목사님의 설교는 유창하지도 화려하지도 않았습니다. 유리
방황하는 양을 돌봐야 할 목자가 연예인도 광대도 아닌데 언변이
유창하고 겉치레가 화려하면 필시 양의 탈을 쓰고 노략질하는 이리
일 수 있으므로 그의 어눌한 발음은 문제가 되지 않았습니다. 죄
중에 가장 큰 죄가 무엇인지 아느냐고 묻던 그는 주일성수를 지키지
않거나 십일조를 내지 않는 것을 죄 중에 큰 죄라고 겁박하는 한국
교회의 영업 방식에 탄식했습니다. 맨발의 사나이 떠돌이 예수는
만민이 기도하는 아버지의 집을 강도의 굴혈(窟穴)로 만든 한국 교회
를 엎지도 못하고 탄식하노니….

그 말씀의 핵심은 이것이었습니다. 죄 중에 가장 큰 죄는 피눈물
흘리는 이웃을 보고도 눈 깜짝하지 않고 밥 잘 먹는 무정(無情)한 죄가

가장 큰 죄라는 것이었습니다. 어찌 인간의 탈을 쓰고 피눈물 흘리는 이웃을 보고도 외면한단 말인가? 강도당해 쓰러진 이웃을 보고도 어찌 지나친단 말인가? 목사님 말씀에 저도 모르게 아멘 했습니다. 배천 조 씨 아바이처럼 북녘 고향을 떠나 38 따라 난민으로, 유민으로 살아온 늙은 목사님의 말씀은 시가 되었고, 삶의 지침이 되었으며, 우는 자와 함께 울라는 나사렛 사내 예수의 말씀이 되어 밑바닥 갈릴리를 전전합니다.

2020년 5월 20일 편지

청송감호소 출신 노인 이야기

"수박이 먹고 싶은데…."

올해 일흔다섯인 최 노인이 아내에게 수박 먹고 싶다면서 수박 좀 사다 줄 수 없냐고 부탁했습니다.

어게인 대표인 아내는 바쁩니다. 쉼터를 전전하는 위기 청소년으로 가정폭력 피해자인 아이에게 방을 얻어주랴, 소년희망공장 3호점인 미혼모 자립 일터 '스위트 그린' 개점을 준비하랴, 부천시로부터 부천시 청소년법률지원센터를 위탁받으랴, 어렵게 문 열었던 '소년희망센터'를 다시 중단하랴, 코로나 때문에 급식소가 중단되면서 밥 못 먹게 된 아이들에게 도시락을 배달하랴, 경기도 일자리재단에서 인력 지원을 받기 위한 서류를 제출하랴…. 몸이 열 개라도 부족할 정도로 열 일하는 아내를 보면 쓰러질까 걱정입니다.

아내가 저에게 부탁해서 재난지원금 카드로 수박 두 통을 샀습니다. 함양 수박이라는데 아주 달았습니다. 최 노인은 1.5평 남짓한 고시원에서 살고 계시는 데다 파킨슨병에 걸렸기 때문에 수박 통째로 드릴 수가 없습니다. 그래서 수박은 깍두기 모양으로 썰어서 담고, 배와 사과와 토마토는 잘게 썰어서 가지런히 담았습니다. 마침 한약사인 박종선 후원자님이 쌍화탕 두 상자를 보내 주셔서 한 상자를 최 노인 몫으로 챙겼습니다. 그런데 최 노인이 부탁을 추가했습니다.

"그동안 살면서 생일 케이크를 한 번도 먹지 못했습니다. 죄송하지만 생일 케이크도 부탁드립니다."

절망의 터널을 통과한 나의 이야기

"나중에 돈 많이 벌어서 수박 꼭 사 먹을 거야!"

이혼과 파산의 여름, 작은아들(당시 7~8세)이 이렇게 말했습니다. 수박을 맛있게 먹는 동네 아이들을 보면서 너무 먹고 싶었던 작은아들은 그 아이들에게 하나만 달라고 할 수도 없었고, 그렇다고 힘들게 사는 아빠에게 사달라고 하지도 못했습니다. 먹고 싶은 마음을 달래기 위해 선택한 방법이 혼잣말이었습니다. 그 시절의 작은아들 이야기입니다.

작은아들은 지인이 준 용돈 5천 원을 가지고 한참 고민했습니다. 치킨 사 먹을까? 수박 사 먹을까? 고민하던 작은아들은 꼬깃꼬깃해진 5천 원을 아빠인 저에게 주면서 이렇게 말했습니다.

"아빠, 이 돈! 빚 갚는 데 쓰세요!"

2000년대 초반, 시골에서 상경한 저는 서대문에서 월 18만 원짜리 고시원에서 생활했습니다. 1.5평 남짓한 비좁은 방은 무덤 같았습니다. 불 끄고 누우면 무덤 속 같았습니다. 이대로 잠에서 깨지 말았으면 하는 생각이 들기도 했었습니다. 그때 쓴 시가 아래의 시

〈고시원〉입니다. 삶의 나락으로 떨어져 옴짝달싹할 수 없었던 시절이었습니다. 저의 노력으로 절망의 터널을 빠져나온 것이 아님을 고백합니다. 동지 같은 아들들이 삶의 용기를 북돋워 주었기 때문에 살았습니다. 살자, 살자, 꼭 살아서 좋은 날을 보자고 눈물로 기도했습니다. 어린 아들의 기도를 하늘이 들어주셨습니다.

> 습관적으로 TV를 컨다.
> 적막을 깨워주는 유일한 친구다.
> 그런데 옆방에서 똑똑 두들긴다.
> '너 혼자 사냐!'며 소리 줄이라는 신호다.
> 1.5평, 많은 죄를 짓지 않았는데
> 다리를 쭉 뻗고 잠들 수가 없다.
> 이렇게 오그라드는 게 인생인가
> 망망대해를 표류하는 것만 같다.
>
> _ 졸시, 〈고시원〉

도대체 구원이란 무엇일까?

전쟁고아인 최 노인은 가난과 굶주림에 시달렸습니다. 너무 배가 고파서 물건을 훔쳤고, 그러다 붙잡혀 소년원에 들어갔습니다. 소년원에서 나온 뒤에도 훔치고 또 훔치다가 교도소를 드나들었습니다. 전과 11범이 된 청송 보호 감호소 출신에게 그 누가 생일상을 차려줄 것이며, 그 가난한 시절에 생일 케이크에다 축하의 노래를 불러줄 사람이 어디 있었겠습니까. 최 노인이 작은 케이크를 사달라고 했지만, 마침 재난지원금 카드가 있어서 3만 원짜리 케이크를 샀습니다.

지난 6일(토) 아내와 함께 최 노인을 찾아갔습니다. 최 노인이 사는 고시원은 신림동에 있습니다. 낡은 빌딩 2층에 있는 최 노인의 방은 1.5평 남짓, 겨우 몸 하나 누일 정도의 좁은 공간입니다. 나의 무덤 같았던 고시원 방과 같았습니다. 수박, 배, 사과 등의 과일과 쌍화탕 그리고 케이크를 드린 뒤에 최 노인이 겨우내 덮었던 이불과 겨울 패딩을 챙겼습니다. 최 노인은 고시원이 비좁기 때문에 여름이 되면 겨울 이불과 패딩을 저희에게 맡깁니다. 그러면 저희는 빨아서 보관하다가 겨울이 되면 갖다 드리고 있습니다. 최 노인이 부탁을 또다시 추가했습니다.

"정말로 죄송한데 싼 여름 이불과 반바지 좀 부탁합니다!"

이번엔 재난지원금 카드가 아닌 제 카드로 인터넷 주문했습니다. 오늘(9일) 물건이 도착했다고 최 노인이 알려왔습니다. 이렇게 부탁하고 또 부탁한다고 해서 최 노인을 염치없는 늙은이로 취급하면 곤란합니다. 최 노인은 아무에게나 손 벌리는 사람이 아닙니다. 최 노인은 아내가 사랑의장기기증운동본부 사무국장으로 일하던 당시에 신장을 기증했고, 그 이후로는 죄를 짓지 않았습니다. 그는 이제 죄인이 아닙니다. 돈이 없을 뿐이지 가오가 없진 않습니다. 생면부지의 사람에게 생명을 나눠준 의인의 말씀을 들어보십시오.

"남에게 생명을 줬는데 나쁜 짓을 하면 되겠습니까."

어떤 사람은 최 노인에게 양로원이나 노인요양원에 가라고 하지만 그렇게 말하지 말아야 합니다. 그는 비록 병든 몸이지만 자기의 몸을 누구에게 의탁하고 싶어 하지 않습니다. 최 노인은 불편한 공간이지만 자신만의 공간에서 스스로 살아가고 싶어 합니다. 누구나 자존감을 지키며 살고 싶어 하듯이 누추한 최 노인의 삶 또한 존중해야 합니다. 최 노인이 늙긴 늙은 것 같습니다. 투박한 말로 툭 던지듯이 "고마워!" 하고 말던 그가 파킨슨병을 앓으면서 마음이 약해져서인지 아내에게 눈물 흘리며 고마워했습니다.

"아무리 생각해도 내가 이런 대접을 받을 이유가 없는데, 이렇게 잘해 주니 어떻게 말해야 할지 모르겠습니다. 고마워요! 고마워요! 이 신세를 어찌 갚을지…."

이번 일로 구원(救援)에 대해 생각해 보았습니다. 죽음과 고통과 죄악에서 건져 내는 거창한 구원 말고, 내가 누군가에게 도움을 받은 것처럼 도움이 필요한 누군가의 손을 잡아주는 구원에 대해, 배고픈 이웃과 나누는 밥 한 그릇의 구원에 대해, 추운 이웃들을 감싸주는 따뜻한 옷과 이불의 구원에 대해, 목마른 이웃의 목을 적셔주는 물 한 잔의 구원에 대해, 내가 입은 은혜를 다 갚은 뒤에 본향으로 갈 수 있을까에 대해 생각했습니다.

그런데 군소리하지 않고 이웃을 돕는 아내처럼 나도 구원의 은혜를 갚았으면 좋겠는데 그것이 아무리 해도 잘되지 않습니다. 그래서 잘난 척하지 않기로 했습니다. 아무나 잘난 척하는 게 아니란 것쯤은 저도 알고 있습니다.

2020년 6월 10일 편지

독립운동가의 아들

비영리 민간단체 '어게인'에는 고문(顧問)이 딱 한 분 계십니다. 단체들이 고문을 추대할 때는 지위, 돈, 명예 등을 가진 사람을 모시는 경우가 적지 않지만 어게인은 그렇게 하지 않았고, 앞으로도 그렇게 하지 않을 것입니다. 고문으로 추대한 분은 지위와 돈과는 거리가 멉니다. 지위, 돈, 명예는커녕 가난과 병고로 어려움을 겪으셨습니다. 그분을 고문으로 추대한 까닭은 자애로운 인품과 겸손한 성품 때문입니다.

'대한민국 임시정부'(이하 임정)에서 국무위원과 비서장을 역임한 동암(東巖) 차리석(1881~1945)의 외아들 차영조(77세) 선생님을 고문으로 모신 것은 독립운동가의 아들이란 이유 때문만은 아닙니다. 많이 배우지 못했으나 도리를 모르지 않았고, 많이 가진 적 없었으나 가난한 이웃을 외면한 적 없고, 높은 자리에 오른 적 없다고 굽신거리거나 지조를 허투루 한 적 없습니다. 특히 굶주림의 고통을 겪었기에 불우한 아이들의 아픔을 자신의 아픔으로 여기십니다.

2014년 겨울, 서울가정법원이 위탁한 보호 소년들과 함께 살

때였습니다. 그때가 설 전이었는데 암 투병 중인 차 고문님이 아이들의 딱한 사정을 듣고는 소고기와 떡을 주면서 "아이들에게 먹이라!"고 했습니다. 그러면서 "나는 초등학교도 졸업하지 못했습니다. 집안 사정으로 초등학교 6학년 때 학교를 그만두어야 했습니다. 굶기도 많이 굶고, 울기도 많이 울었습니다"라고 말씀하셨습니다.

홀어머니 슬하에서 자란 차 고문님은 초등학교 6학년 때 어머니가 중풍으로 쓰러지면서 학업을 중단했습니다. 그러고는 이 집 저 집 다니며 문전걸식해야 했고, 아이스케이크(꼬챙이를 끼워 만든 얼음과자) 장사, 여관 보이, 국밥집 배달원 등을 하며 살아남기 위해 몸부림쳤습니다.

친일을 하면 삼대가 떵떵거리며 살고 독립운동을 하면 삼대가 망한다는 말이 유령처럼 떠도는 대한민국의 현주소였습니다.

지난 9월 9일은 동암의 75주기였습니다

차 고문님은 아버지 동암보다 더 오래 산 노인이 됐습니다. 아버지 없이 산 세월은 모질고 서러웠습니다. 가슴에 쌓인 눈물은 멍울이 됐습니다. 여든 앞둔 노인이 됐다고 아버지에 대한 그리움이 어찌 없겠습니까.

아버지의 도리보다 조국 독립을 더 중히 여긴 독립운동가, 어린 아들을 이국땅에 남겨두고 세상을 떠나야 했던 독립운동가 동암은 어떻게 눈을 감을 수 있었을까요. 아래의 편지는 임정 수립 100주년이던 지난해 3월 차 고문님이 구술(口述)하시고 제가 옮겨 적은 편지로 아버지 동암을 그리워하는 마음을 담은 편지입니다.

아버지 동암께 부치는 편지

아버님!

저는 아버지를 아버지라고 함부로 부를 수가 없습니다. 저에게 아버지이기 전에 조국 독립을 위해 목숨을 바친 독립운동의 아버지이기 때문입니다. 목숨이 다하는 순간까지 대한민국 임시정부를 지킨 동암은 저에게 너무 큰 산입니다. 그래서 저는 아버지라고 부르기보다 동암 선생님이라고 높여 부르곤 했습니다. 그렇다고 해서 아버지에 대한 그리움이 없었던 것은 아닙니다. 아버지, 아버지, 나의 아버지라고 목메게 부르는 저는 어느덧 아버님이 세상 떠나실 때보다 더 늙은 일흔여섯의 아들이 되어 그리운 아버지를 불러봅니다.

동암이 걸어가신 길은 이 길 저 길이 아니라 오직 한길, 조국 독립의 길이었습니다. 분단의 길이 아니오, 분열의 길도 아니오, 사방팔방 갈래갈래 찢긴 길은 더욱 아니요, 오직 한민족의 하나 된 길이었건만 환국을 앞두고 아버님이 먼저 떠나시고 백범 선생님마저 흉탄에 가신 뒤에 오천 년을 한 하늘 아래서 살던 한민족이 남북으로 갈리고, 동서로 나뉘고, 좌우로 찢어지고 말았습니다. 못난 아들은 동암의 길을 감히 헤아릴 수 없고, 따를 수도 없습니다. 그러나 조국 독립의 길, 고난의 길, 풍찬노숙의 길을 걸으면서 남긴 아버님의 발자취를 되새기고 싶어 병든 노구를 이끌고 길을 나섰습니다.

임정 수립 100주년(1919년 4월 11일 수립)을 앞둔 2019년 3월 13일부터 16일까지 3박 4일 일정으로 중국 상해, 가흥, 항주 등 임정 유적지 세 곳을 다녀왔습니다. 제 발길이 멈춘 곳은 항주 임정 기념관이었습니다. 항주는 어떤 곳입니까. 1932년 4월 29일 윤봉길 의사가 중국 상해 홍커우 공원에서 거행된 일제의 '상해사변 승리 및 천장절 축하' 행사장에 폭탄을 던져 일제 원흉들을 제거한 상해 의거 이후 이동녕과 김구 주석은 일제의 추적을 피해야 했고, 역시 일제의 탄압을 피해 피난길에 나선 김철, 차리석, 송병조 등 세 분의 독립운동가는 임정의 새로운 거점을 확보하기 위해 항주를 찾았습니다.

일경과 밀정이 호시탐탐 노리는 살벌한 상황에서 임정의 국무위원들은 항주 청사 주변 남호에 배를 몰래 띄워 놓고 임정 재건을 도모했습니다. 1932년 5월에서 1935년 11월까지 임정이 거점으로 삼은 항주에서 동암은 위기에 처한 임정을 재건하고 지키면서 임정의 파수꾼이 됐습니다. 아, 그때! 누란에 처한 임정이 와해했다면 대한민국의 법통을 어디에서 찾을 것이며, 일신과 가족의 안위를 버린 채 목숨까지 내놓아야 했던 독립운동사를 어찌 자랑할 것입니까. 저는 임정을 지킨 동암에게 감동했으며 아들로서 아버지의 공로를 찬양하지 않을 수가 없습니다.

저는 임정의 마지막 망명 정부 청사가 있던 중경에서 1944년 2월에 태어났습니다. 그때 동암의 연세는 예순넷, 백범은 "늙은 동암에게 아들이 생긴 것은 하늘의 축복"이라고 말씀하신 것처럼 늙은 아버지는 어린 저를 축복으로 여겼지만 어린 자식과 함께 한 시간은 1년 반 정도에 불과했습니다. 백범이 먼저 환국한 뒤 임정의 환국을 준비하던 동암은 1945년 9월 9일 과로사로 순국하면서 조국 땅을 밟지 못했습니다.

아버지가 아들을 두고 눈을 감을 때의 심정을 저는 몰랐습니다. 그런데 재롱을 선물하는 손자를 키우면서 아버지 심정을 조금이나마 헤아릴 수 있었습니다. 아, 내가 꼭 요만할 때 아버지가 어린 자식을 두고 눈을 감으셨는데 그 가슴이 얼마나 아프셨을까 생각하니 가슴이 미어졌습니다. 항주 임정 기념관에 걸린 아버지 동암의 사진 앞에서 저는 그때의 어린 자식이 되어 눈물짓고 말았습니다.

아버지가 쓰러지자 어머니는 저를 안고 병원에 찾아가셨습니다. 그러자 동암은 "젊은 여인에게 짐만 지워놓고 같이 귀국하지 못하게 되어 미안하오. 그러나 영조를 데리고 귀국하면 정부든 주변의 누구든 이 아이를 키우는 데 도움을 줄 것이오. 그리 알고, 귀국하시길 바라오."라는 유언을 남기고 숨을 거두셨습니다. 하지만 돌아온 조국은 동암이 생각하던 조국이 아니었습니다.

임정에서 같이 활동하던 이범석 장군님이 초대 국무총리를 하시고 백범 김구 선생님이 살아 계실 때는 도움을 받을 수 있었으나 친일파가 득세하면서 어머니와 저는 문전걸식하는 거지 생활까지 했습니다. 구걸해 온 밥은 한 끼니인데 이를 아침, 점심, 저녁 세 끼니로 나누어 먹다 보니 온종일 배고팠습니다. 노점에서 양담배를 팔아 생계를 이을지언정 아들 핑계로 손을 벌린다는 구차한 말을 듣기 싫었던 어머니 홍매영 지사는 어떤 도움도 구하지 않고 홀로 저를 키웠습니다.

청상(靑孀)의 몸으로 독립운동가의 자식을 키운 어머니의 생은 또 다른 독립운동이었습니다. 남에게 신세 지는 것을 극도로 싫어하셨던 어머니는 "수입에 맞게 생활해라", "갚을 길이 없는 돈은 꾸지 마라", "굶어 죽을지언정 남에게 손을 벌리지 말라"라고 가르쳤습니다

다. 어머니의 생활신조 덕에 저는 닥쳐올 위기에 대처하기 위해 6개월 치 생활비를 비상용으로 남겨두고 살았습니다.

아버지, 삶이 너무 힘들었습니다.

독립운동가 아들의 길은 영광의 길이 아니라 힘들고 위태로운 길이었습니다. 백범이 흉탄에 서거한 뒤 독립운동가들에 대한 탄압이 거세지자 어머니는 저를 지키기 위해 차(車) 씨에서 두 획을 지워 신(申) 씨로 성을 바꿔 초등학교에 입학시켰습니다. 제가 초등학교 6학년 때 어머니가 중풍으로 쓰러지면서 학업을 중단한 뒤에는 아이스케이크 장사, 여관 보이, 국밥집 배달원 등의 밑바닥 생활을 했습니다. 홀몸으로 저를 키우신 어머니는 1979년 66세의 일기로 돌아가셨습니다.

서른다섯에 어머니를 잃은 저는 한전 검침원으로 일하고, 중동과 아프리카 나이지리아에 가서 건설 노동자로 일했습니다. 그러다 2007년 위암 수술을 받았습니다. 일제가 물러갔는데도 여전히 친일파가 득세하는 세상에 울분이 쌓였던 것이 화가 되고 병이 된 것입니다. 대한민국의 법통인 임정을 훼손하고 독립운동의 역사를 왜곡하는 친일파 세상에 절망한 것입니다.

병든 노구를 이끌고 광화문 촛불 집회에 참석한 것은 동암의 아들로서 당해야 했던 치욕스러운 역사를 청산하기 위해서였습니다. 저에게 촛불 혁명은 이 시대의 독립운동이었습니다. 마침내 임정의 법통을 잇는 정권이 들어서면서 임정 100주년 기념사업이 전개되고 독립운동가 후손들을 예우하는 등 독립운동이 제대로 조명되는 것을 보면서 저는 감격하고 말았습니다.

아버님!

늙고 병든 이 자식이 아버지처럼 역사의 산을 넘을 순 없겠지만 동암의 아들로서 아버지의 역사에 누 끼치지 않도록 주위를 살피며 항상 낮은 곳에 있겠습니다. 청렴과 강직으로 소임을 다한 독립운동가 동암의 아들로서, 겸손한 마음과 따뜻한 손길로 불우한 이웃에게 손을 내밀면서 동암의 역사가 100년 후에도 민족의 역사가 될 수 있도록 병든 몸으로나마 정의의 길을 걷겠습니다.

2019년 3월 21일

'대한민국 임시정부 수립 100주년' 임정의 막내 차영조 올림

가난 속에서도 지조를 지킨 동암의 아들

차 고문님은 가난했지만 지켜야 할 것은 지켰습니다. 임정을 끝끝내 지킨 동암의 아들답게 가난과 병고 속에서도 지조를 지켰습니다. 독립운동가의 아들이란 이유로 죄인처럼 숨어 살면서 굶기도 많이 굶고, 울기도 많이 울었지만, 그 고통에서 벗어나려고 친일 반민족 세력에게 영혼을 팔지는 않았습니다. 독립운동가의 아들이란 완장을 차고 거들먹거린 적도 없습니다. 정직하게 일하고 근검절약하며 살았을 뿐입니다.

변절과 배신이 만연한 이 땅에서 신념과 지조를 지키는 일이 쉽겠습니까. 독립운동을 했다가 시류에 편승하면서 민족을 배신한 친일파처럼 부귀영화를 누리기 위해 친일 반민족 세력에게 영혼을 판 독립운동가 후손들도 적지 않습니다. 그러한 후손들로 인해 치욕을 감당해야만 하는 독립운동가들이 적지 않습니다. 하지만 동암의

외아들 차영조 선생님은 부끄러움 없는 아버지의 아들로 살기 위해, 끝끝내 임정을 지킨 파수꾼의 아들로 살기 위해 영혼을 꼿꼿하게 지켰습니다.

당장 죽어도 여한이 없습니다

암 투병 중인 차 고문님은 놀라울 만큼 건강하십니다. 임정 100주년이던 지난해에 이어 올해도 건강을 유지하며 동암의 75주기 추모식을 진행했습니다. 그것은 독립운동 역사가 바로 세워지고 있기 때문입니다. 대통령이 동암을 비롯한 독립운동가들이 잠든 임정 묘역을 처음으로 참배하고, 임정 기념관 건립이 추진되는 등 독립운동 선열에 대한 예우와 명예가 회복되는 것을 보면서 차 고문님은 이제 죽어도 여한이 없다고 했습니다.

효창원 임정 묘역 성역화가 2024년 준공 목표로 추진되는 것을 보면서 차 고문님은 비로소 아버지를 뵐 면목이 선 것입니다. 동암에게 아들이 없었다면 어떻게 됐을까. 그 누가 동암의 유업을 이었을 것인가. 나라와 민족을 위해 목숨을 바친 동암에게 하늘이 아들을 선물로 준 것이 틀림없습니다. 그리하여 그의 아들은 가난과 고난 속에서도 유업을 이어받았으니 하늘에 계신 동암이 어찌 기뻐하지 않겠습니까.

독립운동가 명문 가문

차 고문님의 안방에는 동암을 비롯한 네 분의 독립 애국지사가 모셔져 있습니다. 아버지 차리석(1962년 건국훈장 독립장), 작은아버지

차정석(2017년 대통령 표창), 고모 차보석(2016년 건국훈장 애족장), 어머니 홍매영(2018년 건국포장) 지사까지 모두 네 명의 지사를 배출했습니다. 하지만 이들을 기릴 유일한 자손은 차영조 고문 한 분입니다. 차정석과 차보석은 후손을 남기지 못했고, 동암의 첫 부인 사이에서 태어난 두 딸(차애련, 차영희)은 세상을 떠났습니다.

차 고문님이 우리 곁에 오래 계셔야 할 이유는 또 있습니다. 『반일 종족주의』를 집필한 이영훈 전 서울대 경제학부 교수는 반민족 행위에 대한 비판이 거세게 일자 자신이 동암의 외증손이라고 주장했습니다. 하지만 차영조 고문님에 의해 곧바로 거짓임이 밝혀졌습니다. 궁색해진 이영훈은 동암은 외외증종조부라고 구차한 해명을 늘어놓았습니다. 토착 왜구들은 언제든 역사를 왜곡하는데 그들의 거짓을 누가 진실로 밝힐 것입니까. 동암의 아들이여, 부디 오래오래 건강하게 사시길 빕니다.

이 시대의 독립운동은 따뜻한 세상 만들기

차 고문님의 희망은 친일파 청산과 함께 가난한 이웃도 행복하게 사는 세상입니다. 반민족 세력을 기필코 청산해야 하지만 그것이 끝이 아닙니다. 한 손엔 정의 또 한 손엔 사랑이 있어야 합니다. 어게인에 매월 후원금을 보내 주시는 차 고문님은 "이 시대의 독립운동은 가난한 이웃들도 행복하게 사는 따뜻한 공동체를 만드는 것"이라면서 "제가 보내는 후원금은 제 돈이 아니라 아버지 동암이 주시는 후원금"이라고 말씀하면서 이렇게 덧붙였습니다.

우리나라와 아프리카의 어려운 아이들을 위해 후원하는 돈은 제 돈이 아니라 아버님이 내시는 후원금입니다. 저는 애국한 것도 없는데 아버님 덕분에 보훈 보상금을 받고 있으니 부끄러울 뿐입니다. 아버님이 살아 계신다면 굶주리는 아이들을 외면하는 세상을 원치 않았을 것입니다. 하늘에 계신 동암 선생님도 후원금을 통해 그늘졌던 아이들이 웃음 짓는 것을 보시고는 기뻐하실 것입니다.

독립운동가의 아들이 꿈꾸는 세상은 소외된 이웃과 불우한 청소년이 "우리나라 만세"라고 외치는 나라입니다. 저의 소망도 고문님의 소망과 다르지 않습니다. 차 고문님은 요즘 손주 재롱에 흠뻑 빠져 지내십니다. 어제(14일)는 손주 형제의 동영상을 보내 주셨습니다. 저는 아프리카에서 태어난 첫 손녀의 동영상을 페북에 간혹 올립니다. 그러면 차 고문님이 '좋아요'를 눌러주십니다. 차 고문님과 저는 손주 바보입니다.

아들에게 좋은 세상을 물려주고 싶었습니다. 그래서 불평등한 세상과 야만의 정권에 맞서면서 민주주의를 회복시키는 데 일조했으나 친일파 청산에는 실패했습니다. 차 고문님의 암 재발을 막으려면 종양을 완전히 제거해야 합니다. 그렇듯이 민족정기를 바로 세우려면 종양인 친일파를 청산해야 합니다. 친일파 없는 세상을 자녀들에게 물려주지 못했으나 손주에게만큼은 친일파 없는 대한민국을 물려주고 싶습니다. 손주 바보인 차 고문님과 제가 역사에 참여하는 것은 이 때문입니다.

2020년 9월 14일 편지

문 닫은 무료 급식소

　코로나바이러스로 인해 지난 2월 3일부터 14일까지 1차로 식당 문을 닫은 데 이어 지난 24일 월요일부터 2차로 무료 급식소 문을 닫았습니다. 불 꺼진 급식소를 바라보는 마음이 무겁습니다.

　2019년 한 해 동안 엄마 없는 아이, 떠돌이 위기 청소년, 장애인 청소년을 비롯해 가난한 아이들 3,791명에게 따뜻한 밥을 먹였습니다. 봄 파티, 꿈 파티, 송년 파티 등 파티도 종종 열었습니다. 지중해 요리를 먹으며 노래를 부르고 춤을 추면서 상품과 선물을 나누었습니다.

　행복한 기억이 별로 없는 아이들, 아픔과 슬픔이 너무 많은 아이들, 가정이 해체되고 부모에 버려져서 인정 없는 거리를 떠도는 아이들, 절망과 고통에 익숙한 아이들에게 행복한 추억을 심어주고 싶었습니다. 눈물과 아픔을 달래주고 싶었습니다. 그날만큼은 절망과 고통을 잠시 내려놓고 행복하게 웃는 표정을 보면서 참 기뻤습니다.

　그런데 코로나바이러스로 인해 지난 2월 1차로 식당 문을 닫은

데 이어 지난 24일부터 2차로 식당 문을 닫았습니다. 불 꺼진 식당을 바라보는 마음이 무겁습니다. 이 사태가 언제 끝날까요?

갈 곳도 밥 먹을 데도 별로 없는 막막한 아이들에게는 어쩌면 코로나바이러스보다 더 무서운 것은 갈 곳과 밥 먹을 곳이 없어진 것입니다.

요즘 밥 굶는 사람이 어디 있다고, 나라에서 지원하는데 무슨 소리냐고 이렇게 반문할 수도 있을 것입니다. 요즘 밥 굶는 사람 별로 없을 것입니다. 수급 가정 아이들에게 급식비도 지원합니다. 그런데 아이들은 밥만 먹기 위해 오는 게 아닙니다. 아픔과 눈물을 달래줄 따뜻한 사랑이 그리워 옵니다. 절망 대신에 희망을 나누어줄 어른이 그리워 옵니다.

편의점에서 사 먹는 음식이나 캄캄한 집에서 먹는 컵라면은 허기를 때우기 위한 수단이지만, 엄마 봉사자들이 정성껏 준비한 어게인의 밥은 든든한 밥이자 따뜻한 위로이며 희망이랍니다.

아이들에게 다시 따뜻한 밥을 먹일 수 있도록, 아이들이 희망의 밥을 먹을 수 있도록 코로나바이러스는 어서 빨리 물러가고 따뜻한 봄이 오라고 기도해 주세요.

내 아이의 밥만 챙길 게 아니라
엄마 없는 아이의 밥도 챙기는 봄,
내 아이를 품에 안아줄 뿐 아니라
외로운 아이들도 품에 안아주는 봄,
꽃들만 무지하게 피어나는 봄이 아니라

가난한 아이들도 피어나는 봄아,
어서 오렴!

두 손 모아 기도해 주신다면 코로나바이러스는 물러가고 따뜻한
봄이 오지 않을까요?

2020년 2월 28일 편지

※추신

상황이 심각한 아이들을 위한 대책을 세우고 있습니다. 코로나바이러스의 확
산을 막는 일이 가장 급선무이지만 이와 함께 가난한 아이들을 비롯한 어려운
이웃에 대한 대책도 절실합니다.

2월에 부치는 크리스마스 편지

2022년 정기총회를 잘 마쳤습니다!

2021년 사업을 마무리 짓고, 2022년 새해 사업을 계획하는 2022년 정기총회를 잘 마쳤습니다.

코로나 팬데믹으로 몹시 힘들었던 지난해에도 어게인은 최선을 다해 활동했습니다.

— 2,348명의 위기 청소년에게 식사 무료 제공

— 인천가정법원이 위탁한 비행 청소년 65명에게 '회복적 생활 교육'(미술 심리, 자살·자해 예방, 성교육, 갈등 관리, 매개 치료, 중독 치료) 및 개별 상담

— 15명의 학교 밖 청소년에게 맞춤형 집단 코칭 상담 실시

— 심각한 위기에 처한 청소년 17명에게 12~20시간 전문 상담, 세 가정에 대한 부모 상담 8시간 실시

— 미혼모 아이 10명에게 20세에 수령하는 적금형 보험료 지원

— 미혼모, 미혼부, 조부모 3명에게 생활비(30만 원) 지원, 물품

지원, 법률 지원

　— 미혼모, 미혼부, 위기 청소년 6가정 돌사진 및 가족사진 촬영

　— 대학에 진학한 청소년에겐 장학금 지원, 가정 밖 위기 청소년에겐 주거비·생활비·의료비·교통비 지원, 알코올 중독에 걸린 위기 청소년 엄마에겐 의료비와 생활비 등을 지원

어게인은 2022년에도 긴급한 청소년에겐 주거비, 의료비, 교통비 등을 지원할 것입니다. 비행에 노출된 보호 소년에 대해서는 심리 정서 및 진로 지도 그리고 부모와의 갈등 해소를 위한 상담 치료 등을 실시할 것입니다. 가난한 미혼모에겐 분유와 기저귀, 생활비, 어린이 보험, 돌잔치와 돌사진 촬영 등을 지원할 것입니다.

이와 함께 인천가정법원이 위탁한 비행 청소년을 위한 회복적 생활 교육을 실시하고, 다문화 청소년을 위한 코칭 프로그램을 운영하고 또한 다문화 청소년을 위한 케이팝 드림스쿨 등을 운영할 계획입니다.

어게인이 돕는 위기 청소년들은 벼랑 끝에 서 있는 아이들입니다. 손을 잡아주지 않으면 극단의 선택을 할 아이들, 세상 밑바닥으로 버려질 수 있는 아이들입니다.

알코올 중독에 걸린 엄마를 때리고, 돈을 뜯어내는 상습적인 존속폭행 청소년, 훔친 카드로 수백만 원 상당의 물건을 구입해 소년보호재판을 받은 소녀, 학교폭력에 가담한 아이들, 부모의 이혼과 재혼으로 가정이 해체된 아이들, 부모와의 갈등이 심각한 아이들, 우울증을 앓는 아이들, 가출을 일삼는 아이들 그리고 자살과 자해를

시도하는 아이들….

사건 자체를 보면 나쁜 놈, 쓰레기 같은 놈, 양아치××들이 맞습니다. 세상이 이 아이들을 미워하는 데는 이유가 있습니다.

하지만 사건 뒤에 감춰진 슬픈 진실을 알면 마냥 미워할 수만은 없습니다. 아이들이 선택하지 않은 가난과 가정 해체, 알코올과 폭력, 나쁜 습관과 질병 등에 학습되면서 무기력해지는 아이들, 우울증과 품행 장애를 앓게 된 아이들은 자기 생존 과정에서 비행과 일탈을 하게 됩니다.

이 모든 책임을 이 아이들에게만 전가해야 할까요. 너무 어린 나이에 절망의 늪에 빠진 이 아이들을 외면해야 할까요. 이 아이들에게도 희망을 보여주어야 합니다. 소년이 절망인 나라는 희망의 나라가 될 수 없습니다. 누가 뭐래도 소년은 희망이어야 합니다.

부천, 천안, 울산까지 800km를 달린 산타 행진

지난해에 가장 기억에 남은 일은 산타가 되어 아이들을 기쁘게 해준 것입니다. 크리스마스 이틀 전인 23일 오전 10시 미혼모 엄마가 버리고 간 증손주 윤호를 키우는 부천 원미동 할머니부터 찾아갔습니다. 윤호에게는 각종 선물을 잔뜩 주었고, 할머니에겐 상품권과 연료비를 크리스마스 선물로 드렸습니다. 가스값이 너무 많이 나온다고 걱정하시는 할머니가 춘삼월까지는 가스값 걱정하지 않고 따뜻한 방에서 지내실 수 있도록 연료비를 지원했습니다.

그리고 충남 천안으로 출발했습니다. 천안에는 보육원 출신 미혼모로 두 아이를 혼자 키우는 숙희(27세)가 살고 있습니다. 세 명의 산타가 찾아간 곳은 숙희가 보육 교사로 일하는 어린이집, 산타 할아버지가 나타나자 어린이들은 환호했고, 지나가던 할머니는 사진을 찍었습니다. 산타 할아버지를 직접 봤다는 증거용이라고 했습니다. 숙희의 큰딸 솜이(9세)가 발목 깁스를 하고 나타났습니다. 놀다가 다쳤다고 했습니다. 선물을 주었더니 숙희가 산타 할아버지에게 감사 인사를 하라고 시켰습니다. 그러자 의심의 눈초리로 저를 요리조리 살펴보던 솜이가 이렇게 말했습니다.

"에이, 서울 할아버지네….."

저는 '앗, 들켰네' 하면서 꽁무니를 뺐습니다. 충남 천안을 출발, 보육원 출신 미혼부인 현우(25세)가 어린 딸 미연(3세)이와 둘이서 사는 울산으로 향했습니다. 수중 용접사가 꿈인 현우는 울산의 한 조선소에 취직해 수습공 생활을 하고 있습니다. 저녁 7시경 울산에 도착한 산타들은 현우네 집에서 기다렸습니다. 현우는 미연이를 어린이집으로 데리러 갔습니다. 보육원 출신 아빠와 어린 딸이 사는 작은 방에는 빨래가 가지런히 널렸습니다. 방 안 한편에는 외로움을 달래느라 비운 소주병이 상당히 많았습니다.

미연이에게는 선물상자를 주고, 아빠에게는 10만 원 상품권을 선물로 주었습니다. 그 이튿날 상품권으로 미연이 옷을 사서 사진을 찍어서 보냈는데, 3~4년은 입어도 될 만큼 넉넉한 옷을 사 입혔습니다. 그날 저녁 산타 3총사는 현우와 미연이를 데리고 맛있는 저녁을 먹었습니다. 크리스마스 전야의 밤은 깊어갔고 겨울 해풍은 사납게 불었습니다. 고아 청년인 현우에게 이 세상은 천지가 타관 객지, 현우의 삶이 흔들렸다면 상경길이 무거웠을 것입니다. 현우가 흔들리면 어린 딸은 아빠처럼 피눈물 흘려야 합니다.

그런데 현실을 직시한 현우와 딸은 씩씩하고 용감했습니다. 낯선 곳 어딘들 어떠랴. 씩씩하게 살아서 남보란 듯이 행복하게 살겠다는 의지가 확연했습니다. 한국 최고의 수중 용접사가 되어 바다를 누빌 현우를 상상합니다. 저는 마음속으로 말했습니다.

'현우야, 잘 살아라.'

그날 밤, 늦게 출발했습니다. 부천에 도착하니 24일 새벽 1시가 넘었습니다. 왕복 800km 넘는 거리를 10시간가량 운전했습니다. 그리고 24일 낮에는 아기 곁을 떠났던 미혼모 은주에게 크리스마스 선물을 전달했고, 25일 성탄절에는 공장에 다니면서 다솔(3세)이를 혼자 키우는 미숙이를 찾아가 크리스마스 선물을 주었습니다. 미숙이에게는 아기를 잘 키운 것이 정말 고맙고 대견해서 10만 원짜리 상품권을 크리스마스 선물로 주었습니다. 다솔이를 품에 안았더니 포근하게 안깁니다. 제 마음이 따뜻해졌습니다.

그렇게 산타의 임무를 완수하고는 쓰러져 누웠습니다. 후유증이 한 달가량 이어지면서 몸살감기를 심하게 앓았습니다.

맨발의 예수께서 또 가라고 하면 어떡하지?

아무리 기다려도
기쁘다 구주가 오지 않는
가난한 동네 슬픈 이웃들에게
크리스마스를 선물하기 위해선

우리 주 예수 그리스도가 부탁하신 대로
가야만 합니다. 힘들더라도 가야만 합니다.
누구도 찾아오지 않고, 누구도 선물을 주지 않는
원미동 할머니와 보육원 미혼모와 미혼부를 찾아가
선물을 주고, 맛있는 음식을 먹고, 성탄절 노래를 불렀습니다.
그랬더니 슬펐던 이웃들이 행복한 표정을 지으며 좋아했습니다.

사랑은 달콤한 말이 아니라
사랑은 몇 푼의 적선이 아니라
조금은 힘들더라도 찾아가야 하는 것
사랑을 배달하고 행복을 나누다가 끝내
힘들고 지쳐서 쓰러져 몸살 앓아야 하는 것

이렇게 힘들고 괴로웠으니 2022년에는
산타 노릇을 하지 말아야지 다짐했으나
올해에도 예수 그리스도께서 찾아오셔서
나의 동역자들아 가라. 제발 가다오.

엄마 없는 아이들, 아빠 없는 아이들
가난한 이웃과 슬픈 어미와 아비들을 찾아가
나의 사랑을 전해다오. 맨발의 나는 발이 얼어서
맨몸의 나는 추위에 지쳐 그 먼 길을 가지 못하니

나의 십자가를 메고 가서 사랑을 부디 전해달라고
하실 게 분명할 텐데, 그러면 어떡하지, 어떻게 할까.

2022년 2월 23일 편지

※추신
어게인 산타가 되어 먼 길을 동행해 주신 성경제 장로님과 황재훈 후원자
님께 감사드립니다. 아울러 크리스마스 선물로 동참해 주신 후원자님께
도 깊은 감사드립니다.

산울림 청소년에게 보내는 편지

지난 토요일(2일) 착하게 생긴 중고등학생 세 명이 위기 청소년을 위해 모은 기부금을 가지고 소년희망공장 3호점(스위트 그린)을 방문했습니다.

산울림청소년센터 청소년운영위원회 'Must Have' 청소년들로 중고 물품을 기부받아서 이를 판매한 돈 111,000원을 기부금으로 마련하여 전달한 것입니다.

요즘 청소년들을 이기적이라고 말합니다. 자기 자신만을 알 뿐 친구들을 위해 마음을 나누거나 혹은 희생하려고 하지 않는다고 지적하며 비판합니다.

이런 비판과 지적은 일견 타당해 보입니다. 청소년들에게 그런 모습이 보이기 때문입니다. 하지만 청소년들의 잘못만은 아닙니다. 각자도생과 무한 경쟁의 시대를 만든 것은 청소년들이 아니라 어른들입니다. 그런데 어른들은 자신들의 잘못을 인정하고 반성하기보다는 책임을 전가하기 위해 청소년들에게 누명을 씌우고 있습니다.

그래서 산울림 청소년들에게 고마움과 미안함을 금할 길이 없어 부끄러움을 무릅쓰고 짧은 편지를 씁니다.

산울림 청소년들아!

너희들은 나쁜 세상을 만든 어른들처럼 살지 말고
지금의 너희들처럼 살았으면 좋겠다. 너희 역시 각종 시험과
대학 진학 등으로 마음에 여유가 없음에도 불구하고 너희들은
이렇게 모여 동아리 활동하며 멋진 기획을 하고 실천하는구나.
코로나19 팬데믹으로 인해 서로의 얼굴을 보며 마구 웃을 수도 없는 시대,
친구들의 얼굴을 반쪽밖에 볼 수 없는 대신 마음의 온기를 나누는 너희들아!

— 위기 청소년에게 온기를 전하는 기부금

너희들이 참 고맙고 기특한 것은
기부금을 모아 온 것 때문만은 아니다.
나는 돈보다 기부 목적이 고맙고 고맙다.
위기 청소년에게 온기를 전하려는 마음이 고맙다.

학교폭력의 주범인 일진 청소년!
학교를 때려치우거나 쫓겨난 학교 밖 청소년!

돈 뜯고 물건을 훔치고 심지어 흉기를 들기도 하는 청소년!

그래서 소년보호재판을 받고 소년원 송치 등의 처분을 받은 청소년!

또는 우울증에 걸려 은둔하거나 극단적인 선택을 하려는 청소년!

이러한 청소년을 죄다 통칭해서 부르는 명칭이 위기 청소년이란다.

— 나쁜 놈들, 인간쓰레기들, 양아치××

반사회적인 행동을 서슴지 않는 아이들을

세상 사람들은 위기 청소년이라고 부르지 않고

이렇게 부르고 비난하면서 사회로부터 격리하려고 한다.

이 아이들에게 가장 피해를 받은 대상은 어른들보다는 너희들!

위협하고, 폭력을 행사하고, 돈을 빼앗는 등으로 괴롭히는 아이들로 인해

큰 고통을 겪거나 겪고 있을 너희들을 생각하면 그 아이들이 미워지기도 한다.

나 역시 학창 시절에 일진에 돈을 빼앗기고 폭력을 당하는 고통을 겪기도 했다.

그래서 나는 너희들에게 이런 부탁을 하고 싶다.

그 아이들을 무작정 쫓아내고, 격리하고, 외면하기보다

그 아이들이 왜 반사회적 행동하게 됐는지 살펴봐 주면 좋겠다.

그래야 그 친구들을 이해할 수 있고, 그래야 그 친구들을 긍휼히 여길 수 있단다.

무엇보다 폭력 등의 악순환을 끊으려면 피해자의 용서와 관용이 우선

필요하단다.

물론 너희들을 괴롭힌 그 아이들 또한 반성하고 참회하는 마음이 뒤따르면 좋겠다.

그 친구들의 가정은 가난을 대물림받았고

가족 간에도 서로 미워하다 상처로 얼룩졌으며

우리 사회는 사회적 약자인 그들을 위로하기보다는

사회적 불평등으로 더욱더 차별하면서 따돌린단다.

괴롭고 살기 힘든 세상에 맨몸으로 내던져진 그 친구 가정은

이 세상과 싸워 이기지 못하고 벼랑 끝으로 내몰리고 몰리다가

대항할 힘이 없어서 가난한 가족 서로를 미워하고 싸우다가 끝내

부모가 이혼하고 가정이 해체되면서 위기에 처한 청소년들은 방황한다.

너희들은 삶의 벼랑 끝이 어디인지 알고 있니?

희망보다 절망을 먼저 선택하는 까닭을 알고 있니?

이것은 시험에 나오지 않기 때문에 잘 알기 힘들 것이다.

삶의 벼랑 끝에서 추락해 죽음 같은 절망에 던져지기 전에는

그 절망의 고통을 알 수 없단다. 너희들뿐 아니라 어른들 또한!

우리 사회는 강자가 점령한 승자독식 사회!

우리 사회는 나만 살면 된다는 각자도생 사회!

사회적 약자와 이웃을 배려할 틈조차 주지 않는 무한 경쟁 사회!

이런 사회를 너희들에게 물려주었을 뿐 아니라, 이 사회에서 살아남으

려면

친구든 누구든 용서하지 말고 싸워 이겨야 한다고 가르친 어른을 용서
해라.

이런 사회와 이런 세상은
사람이 사람답게 살 수 없는
야만의 사회이므로 산울림 청소년들아!
나쁜 사회를 만든 어른들과 결탁하지 마라.
나쁜 세상에 순응하는 청소년이 되지 마라.

그래서 쉽지 않은 부탁을 한다.
이 세상에 당하고 당한 것을 증오하며 각종 비행과
범죄로 일탈하는 위기 청소년들을 비난만 하지 말고
이해해 주고, 긍휼히 여기면서 손을 잡아주면 좋겠다.

나쁜 어른들처럼 위기 청소년들을
비난하고 격리하고 쫓아내려고만 한다면
그 아이들은 오갈 곳이 없어져 벼랑 끝에 서면
심약한 위기 청소년들은 벼랑 끝에 매달려 울다 뛰어내리고
어떤 위기 청소년들은 자신과 가족을 쫓아낸 세상을 미워하며
주먹을 휘두르고, 물건과 돈을 훔치고, 심지어 흉기를 들기도 한다.

그 아이들도 살아야 한다.
그 아이들도 숨 쉬어야 한다.

그래야, 세상이 조금이라도 좋아진다.

그래야, 불의한 세상이 정의로운 세상이 된다.

산울림 청소년들아!

드디어 봄이 오고 있다.

코로나19 팬데믹에 빼앗긴 봄이 오고 있다.

봄이 오는 것보다 더 기쁜 것은 너희들이다.

봄이 제아무리 푸른들 너희들보다 푸르겠느냐.

그러므로 산울림 청소년들아!

피어라, 활짝 피어라!

빛나라, 빛을 맘껏 발산하라!

그러면서 좋은 세상으로 가꾸어다오!

그리하여 꽃이 핀 양지바른 세상뿐 아니라

봄이 왔는데도 그늘진 땅에도 희망을 심어다오!

2022년 4월 6일 편지

장모님이 주신 후원금

가정이 해체된 아이
엄마밖에 없는 아이
엄마가 암으로 죽은 아이.

그래서 슬픔과 배고픔으로 이리저리 떠돌며 비행하다 붙잡혀
소년보호재판을 받고 위탁된 아이들과 사법형 그룹홈에서 함께 살
때의 일입니다.

장모님은 맏사위인 제가 하는 일이 조금 못마땅했습니다. 돈 벌
생각은 하지 않고 엉뚱한 짓을 하고 있기 때문입니다. 사위가 돈을
못 벌면 그 십자가를 딸이 져야 했기 때문입니다. 자기 앞가림도
지대로 못하면서 선한 일을 한다고 나선 제 삶이 때때론 죄송하고
부끄러울 때가 종종 있었습니다. 그러던 어느 날 장모님이 만 원짜
리 지폐 몇 장을 슬그머니 주시면서 사법형 그룹홈 아이들에게 "맛
있는 것을 사주라"고 말씀하시는 것이었습니다.

장모님은 저를 미워한 적도 없고, 제가 하는 일을 반대한 적도

없습니다. 다만 힘든 길을 가는 것이 안타까워서 못마땅했던 것입니다. 가톨릭 신자인 장모님은 저희 부부와 짠한 아이들을 위해 묵주 기도를 해주십니다. 장모님의 따뜻한 사랑이 담긴 후원금은 아직도 가슴에 남아 있습니다. 아흔 넘긴 장모님, 사랑합니다.

못난 제 인생이 그나마 용서받을 수 있었던 것은 가난과 상처로 얼룩진 아이들 덕분입니다. 인생 살면서 가장 기쁘고 감사한 것 또한 그 아이들 덕분입니다.

그러므로 부족하고 어리석은 제가 이렇게 칭찬받는 것은 과분함을 넘어 부끄러운 일입니다. 내가 나 된 것은 하나님의 은혜임을 고백하지 않을 수가 없습니다. 칭찬받아야 할 주인공은 묵묵히 응원해 주시는 후원자들입니다. 감사드립니다.

어게인 후원자 중에 가장 오래된 후원자는 처제와 화원 하는 처제 친구입니다. 후원자 중에는 아프리카에서 돌아온 큰아들과 큰며느리도 있고, 사돈어른도 있고, 소년희망공장 6호점을 운영하는 작은아들도 있습니다. 아들 친구도 있고, 아내 지인도 있고, 제가 좋아하는 문우도 있고, 아주 작은 교회 목사님도 있고, 같은 연립주택에 사는 이웃도 있고, 같은 교회 교우도 있고, 초등학교 선생님도 있고, 가난한 노동자도 있고, 전교조 선생님도 있고, 노조 간부도 있고, 검사장님도 있고, 어게인 이사장님 장모님도 있고, 미국에 사는 교포도 있고, 노무사님도 있고, 퇴직 공무원도 있고, 독립운동가의 아드님도 있고, 교회 장로님도 있고, 간호사님들도 있습니다. 물론 저도 후원자입니다.

후원금은 참 무서운 돈입니다. 제가 엉뚱한 짓을 하고 있긴 하지만 소중한 후원금을 엉뚱한 데 쓰지는 않습니다. 여러분이 주신 소중한 후원금을 정직하게 사용하겠습니다.

상반기 사역(업무)과 하반기 업무 계획을 어게인 홈페이지에 게시했으니 봐주시면 좋겠습니다. 일을 제대로 했는지 봐주시고 부족한 게 있으면 나무라 주세요.

그리고 궁금한 점이 있으시면 연락해 주세요. 성실하게 답하겠습니다.

불볕더위가 시작됐습니다. 바쁜 업무를 잠시 내려놓고 여름휴가로 충전하시길 빕니다. 저희 부부는 기도원에 다녀올 계획입니다.

2022년 7월 27일 편지

소년희망배달부, 퇴원했습니다

"수술 잘 끝내고 잘 퇴원해서, 다시 미혼모와 위기 청소년 그리고 다문화 청소년을 위해 즐겁게 일하고 싶습니다."

지방종(脂肪腫) 제거 수술을 위해 5월 12일 입원하면서 쓴 글입니다. 떼어낸 종양에 대한 조직 검사 결과를 오늘(5월 23일) 통보받았는데 다행스럽게도 악성 종양이 아니라고 해서 감사드렸습니다.

제가 입원했던 병원은 암 치료를 전문으로 하는 원자력 병원입니다. 717호(5인실) 저의 병상 맞은편의 암 환자는 방사선 치료와 구토 증세로 너무 힘들어했습니다. 종양 제거 수술 후 전신 마취가 풀리면서 조금은 통증에 시달리긴 했지만, 암 환자의 고통에 비하면 저의 고통은 아주 작았습니다.

즐겁게 일하겠다고 다짐한 이유

오늘(5월 23일) 헬리코박터균 제균 결과를 알아보기 위해 검진했던 병원을 방문했다가 치료에 실패했다는 검사 결과 보고서를 받았습니다.

이에 따라 2차 제균 치료해야 합니다. 2차 치료는 1차에 비해 항생제가 더 독하고, 제균제 복용 기간도 1차보다 2배나 길다고 합니다. 가족과 주변 사람들에게 전염할 수 있을 뿐 아니라 WHO(세계 보건기구)가 헬리코박터 파일로리 감염을 발암 인자로 규정하고 있어서 꼭 치료하려고 했습니다.

그런데 원장님이 문제가 있다고 했습니다. 제 신장이 한 쪽뿐인데다가 최근 검진 결과 신장 기능이 70% 정도로 줄어서 독한 항생제를 복용할 경우 신장이 더 나빠질 수 있다는 것입니다. 그래서 2차 제균 치료를 신중하게 진행하기로 했습니다.

수술 잘 마치고 잘 퇴원해서 즐겁게 일하고 싶다고 다짐한 이유는 가슴 아픈 아이들의 눈물을 닦아주는 일이 언젠가부터 너무 힘들고 괴로웠기 때문입니다.

그래서 쉬고 싶었습니다.

하지만 쉴 수 없었습니다.

대안도 없고 대체 인력도 없어서 억지로 일했습니다.

그러다가 능력도 사랑도 부족한 저 자신을 책망했습니다.

미혼모와 위기 청소년 사역을 2012년 시작했으니 어느덧 10년이 넘었습니다.

잘하지도 못하면서
제대로 쉬지도 못하면서
세월만 까먹고 말았습니다.
바보처럼 달리기만 했습니다.

뜨거웠던 첫 마음을 회복하고 싶어서 수술을 마친 뒤에는 즐겁게 일하고 싶다는 각오를 다졌던 것인데 몸이 따라주질 않습니다.

　살다 보면 이런저런 병에 걸립니다. 육신의 고통과 경제적 어려움으로 인해 힘겨운 시절을 보내는 이웃들이 있습니다.

　그분들에게 비하면 저는 행복한 사람입니다. 저에겐 하늘이 보내주신 사랑하는 아내가 있습니다.

　능력도 없는 제가 미혼모와 위기 청소년 사역을 시작하면서 어쩔 수 없이 동역자가 된 아내는, 뼈를 갈아 넣으면서 일한다는 칭찬과 염려가 섞인 말을 들을 정도로 헌신한 아내는 입원 기간 내내 보호자 침대에서 자면서 간병해 주었습니다. 아내는 저보다 10배는 더 힘들게 일하는데 제가 입원했습니다.

　그러므로 염려하지 않으려고 합니다. 다만 저에게 내려진 건강 주의보를 묵상하며 조금은 천천히 일하면서 건강을 살피려고 합니다. '소년희망배달부'의 소명을 감당하고 싶어서입니다. 크리스마스 선물을 기다리는 미혼모 아이를 위해서라도 건강을 회복하고 싶습니다. 올해에도 산타가 되고 싶습니다.

　부족한 저의 건강 회복을 위해 기도해 주신 여러분께 감사드립니다.

2022년 5월 25일 편지

이제까지 일하시는 아버지!

어게인이 보내는 소식을 잘 받아보고 있다는 한 후원자님이 아이들에 대한 가슴 아픈 소식을 받을 때면 더 많은 도움이 되지 못해 미안하다고 하셨습니다.

후원자님들 대다수는 넉넉하지 못한 형편 속에서도 가슴 아픈 아이들에 대한 안타까움과 고아와 과부와 나그네를 잘 돌봐달라고 하신 하나님의 부탁을 들어드리기 위해 후원의 손길을 보태주십니다.

삶이 넉넉하지 못한 형편에도 아이들을 불쌍히 여기시는 한 후원자님이 보내주신 문자를 읽으면서 마음 울컥했습니다. 그래서 동의를 구해서 후원자님들과 나눕니다.

안녕하세요?

하나님 그분의 인도하심대로 8월도 순적(順適)히 이루시길 바랍니다. 얼마 안 되지만 포기했던 보험금 515,600원이 들어왔습니다. 감사한 마음에 10만 원쯤 어게인 계좌로 입금해야겠다고 생각했습니다.

그런데 이게 무슨 일일까요?

기도 중에 십 원도 감하지 말고 다 보내라는 마음을 주시네요. 그래서
순종하는 마음으로 몽땅 보냈습니다. 장마와 무더위가 반복되는
여름 날씨지만 시원하고 행복하게 지내시기를~~~.

후원자님의 문자를 읽으면서 어게인만 힘들게 일하는 게 아니라
하늘 아버지도 일하심을 거듭 깨달았습니다. 그래서 후원자님께
아래의 답장을 보냈습니다.

하나님이 이영숙 님의 순종을 통해 다문화 학교를 세워주심을 깨달
았습니다. 다문화 부모의 한국 이주로 인해 중도 입국한 다문화 청소년
을 위한 학교 설립을 준비하고 있습니다. 어린 나그네인 다문화 청소
년의 피난처이자 쉼터인 학교, 한국에서 살아갈 힘과 용기를 주는
학교를 만들게 해달라고 기도하는 중에 이영숙 님의 후원금이 도착
했습니다. 학교 설립의 주춧돌로 사용될 소중한 후원금을 보내주신
이영숙 님과 하나님께 감사드립니다. _어게인 올림

하늘에 계신 아버지는
일만 시키는 하청업자가 아님을
고아와 과부와 나그네를 잘 돌보라고
말로만 지시하고 외면하는 관료가 아님을
가정과 자식을 버리고 행불자(행방불명자)로 떠돌다
직권으로 말소된 아버지처럼 무책임한 가장 또한 아님을

또다시 깨닫게 해주신 아버지께서는 각자도생의 늪에 빠져서

신음하는 이웃을 외면한 채 살아가는 무정한 우리를 구원하기 위해

처절한 외마디 비명을 외면해야만 했던 2천 년 전 그날처럼 일하십니다.

십자가에 매달려 죽어가던 세 시쯤에

큰 소리로 부르짖던 독생자(獨生子)의

외마디 비명을 어찌하여 잊어버렸겠습니까.

"엘리 엘리 라마 사박다니" 그것은

"나의 하나님, 나의 하나님, 어찌하여 나를 버리셨습니까"(마 27:46).

그러므로 귀머거리가 아닌 내 아버지께서는

그러므로 앞 못 보는 맹인이 아닌 아버지께서는

그리하여 말 못 하는 벙어리가 아닌 아버지께서는

무한 경쟁에서 패배한 이들의 신음을 못 들으실 리 없으며

버림받고 상처받은 아이들의 아픔과 슬픔을 못 보실 리 없으며

입이 없어서 그들의 부르짖음에 응답하지 못하실 리가 없으신

내 아버지께서는 흐르는 눈물을 흘리시면서 이제까지 일하십니다.

내 아버지께서 이제까지 일하고 계시니, 나도 일한다(요 5:17).

2022년 8월 24일 편지

이제 봄이 오고 희망이 꽃필 것입니다

한 달 남짓
크게 아팠습니다.
과로사로 죽는다는 것이
무슨 말인지 몸소 체험했습니다.

일꾼을 더 채용하면
과로를 예방할 수 있고
편한 시스템 만들면 되지만
소중한 후원금이 지출됩니다.

지출을 아끼기 위해서
정수기도 설치하지 않았는데
햇반으로 식사하고 사무실에서 자는데
후원금을 어찌 함부로 사용할 수 있을까요.

위기에 처한 아이들과
미혼모 살리는 일을 하기 위해
어게인을 만들었고 고생을 사서 하려고
사역에 뛰어들었으니 그래야 마땅합니다.

그래도, 몸이 견디지 못했습니다.
일에 지쳐서 기도를 잃어버렸습니다.
그래도, 하나님은 나무라지 않으시고
선한 벗들을 보내어 위로해 주셨습니다.

여러 지인과 후원자님들이
한약과 홍삼, 비타민과 영양제 등을
보내 주셨습니다. 제가 그 무얼 잘한다고
힘내라고, 쓰러지면 안 된다고 응원해 주셨습니다.

이렇게 한바탕 아팠으니
진이 빠지도록 아팠으니
이제 곧, 봄이 올 것입니다.
아프지 않고서 어찌 봄이 올까요.
몸살 없이 어찌 희망이 꽃필까요.

2022년 2월 28일 편지

한 칼럼니스트의 증언

2008년 강남의 한 카페에서 눈썹이 짙은 동년배를 만났습니다.

당시에 저는 반신불수된 중국 교포 노인을 고향으로 보내드리기 위한 모금 운동을 진행 중이었고, 대기업 홍보실장을 지낸 그는 모금 운동에 동참했습니다.

무엇이 그리도 통했는지 첫 만남에서 우린 살아온 날의 쓰라린 실패와 절망에 대해 허심탄회하게 털어놓으면서 서로를 위로하고 격려했으며, 그렇게 이어진 우리들의 만남은 점심에 시작해서 늦은 밤까지 이어졌습니다.

굴지의 회사에서 차기 사장감으로 낙점된 그는 대주주인 미국 본사에서 CEO 훈련받았을 정도로 전도양양한 인생으로 승승장구의 삶을 맘껏 살았습니다.

그런데 정치적 소용돌이에 휘말리면서 그 회사의 운영권이 재벌 회사로 넘어갔고, 욕망의 전차를 몰던 그는 강제 하차당했습니다.

20년가량의 절망의 터널은 너무 길었습니다. 극단적 선택을 결심했었다고 그는 고백했습니다. 눈보라 치는 산길을 홀로 걷는 고행을 감당했습니다. 그의 가족들은 신산고초(辛酸苦楚), 험산준령(險山峻嶺)의 세월을 보냈습니다.

그가 올해 초 페이스북에 희망의 단서를 흘렸습니다. 절망과 고행의 항구에서 그토록 기다리던 오세훈의 배가 드디어 희망의 항구에 근접하고 있다는 소식을 들으면서 몹시 기뻤습니다.

어머니께서 이 세상을 떠나셨으니 이제 나는 집안의 맨 윗자리에 앉게 되었다. 환갑 훌쩍 넘은 자가 아직도 차가운 벌판을 전사의 자세로 진지하게 왕래한다. 이 일상이 타인의 것이라면 안쓰러울 것 같다. 새해에 굵은 획을 긋는 변화가 있을 것이다.

오세훈 칼럼니스트의 글을 나는 좋아합니다.
그래서 그의 칼럼에 이런 댓글을 달았습니다.

오세훈 칼럼니스트가 사용하는 단어는 시중에서 떠도는 것이 아니라 굴곡진 인생에서 얻은 독서의 산물이자 지식이다. 글이 길면 장황하고 신변잡기 쉬운데, 오세훈의 글은 짧고 굵다. 그가 벼린 칼로 겨눈 시대와 대상들은 섬   할 것이다. 보통 칼은 심장까지 찌르지 못하지만, 오세훈의 필(筆)은 폐부를 휘젓는 힘이 있다.

불의한 권력자와 이 시대의 심장을 찌르던 오세훈 칼럼니스트가 벼린 칼을 잠시 내려놓고 우리 부부와 어게인의 길에 대해 글을 썼습니다. 과분한 칭찬과 위로에 감사와 용기를 얻는 동시에 초심을 흩

트리지 말라는 경고로 알고 글을 공유합니다.

〈오세훈의 온고지신〉에 실린 '어게인'

Z는 매일 죽고 싶었다. 엄마는 십 년 넘게 정신병원에 입원 중이다. 아버지는 몸이 심하게 상하여 일을 못 한다. 학교에서는 늘 난폭한 놈들의 학대를 받았다. 교사들은 결코 좋은 사람들이 아니었다. 선생님은 보통의 어른들과 다른 존재 아닌가. Z는 그들을 믿지 않았다. 고교를 간신히 졸업한 Z는 어두컴컴한 방안에 틀어박혀 밖으로 나오지 않았다. 온종일 죽음만 생각했다. 조금이라도 나은 미래를 위하여 작은 의지도 힘도 없었다. 죽음이 곧 해방이었다. 그래서 소멸의 날을 기다리며, 최선을 다해 절망적인 인생을 마무리하려 했다. 마침내 D-day가 다가왔다.

지옥에서 마지막으로 어떤 어른들을 만났다. 나이 스물 넘도록 단 한 번도 만난 적 없는 '외계인' 커플이었다. 부모나 친척, 교사나 또래들이 일상적으로 쓰는 말과 표정, 눈빛이 달랐다. 충격이었다. 따뜻했다. 다정했다. 희망적이었다. 부드러웠다. 도움을 기대해도 될 것 같았다. 긴 시간 대화를 나누고 집으로 돌아가면서 또 만나고 싶다는 생각이 들었다. 태어나서 처음이었다.

Z는 이제 스물여섯 살이다. 마주 앉은 이가 그 누구든 제대로 눈을 마주치지 못하던, 필요를 위한 최소한의 의사 표시조차 못하던, 그래서 잠자는 시간 말고는 온통 죽음만 생각하던 위태로운 젊은이가 그 어른들과 만나서 죽음을 버리고 삶을 얻었다. Z는 이 부부가 운영

하는 '소년희망공장'의 매니저로 일하며 사이버대학의 심리학과에 들어가 공부를 병행하고 있다.

이 부부는 Z와 비슷한 젊은이들—미혼모, 비행 청소년, 가정폭력 피해자, 소년원 퇴소자 등 위기 청소년—을 자식이나 제자, 친구나 동료처럼 관계한다. 그 그늘지고 눅눅한, 춥고 허기진 곳의 빛과 온기 자체다. 함께 일한다. 그들은 생활인으로 변화하고 있다. 2016년부터 지금까지 다 합치면 수백 명의 상처 깊은 청년들이 이 부부와의 인연으로 위기를 면했다.

솔직히 나는 할 수 없는 일이다. 그렇다고 나의 역할이 없는 것은 아니다. 이런 헌신을 할 수 있는 사람들은 타고나는 것 같다. 예순 훌쩍 넘은 부부는 잠을 줄여서 비용을 줄인다. 놈들의 이상행동으로 그만두고 싶은 좌절감을 수시로 겪는다. 그러면서 새벽 명상과 기도로 또 하루를 시작한다. 이런 크리스천도 있다.

내가 이 부부의 친구인 것은 큰 명예다. 조호진 시인과 최승주 선생. 이들은 재혼 부다. 노동해방문학 그룹 출신으로 오마이뉴스 기자였던 남편은 그 불멸의 사랑의 징표로 생면부지의 청년에게 신장 한쪽을 떼어줬다. 이렇게 비범한 사랑의 당사자들은 지극히 평범하고 한없이 착하다. 그 거룩함의 1할만이라도 실천하기로 작정했다. 나의 존경심은 높고 고마움은 깊다.

_「경기신문」, https://www.kgnews.co.kr

2022년 4월 28일 편지

이 세상을 걷어차지 않는 이유

힘든 이웃을 돕다 보면 힘이 빠질 때가 있습니다.
힘든 일이 한둘이 아니기 때문입니다.

그래서 막막하고 답답하고 지칠 때가 더러 종종 있습니다.
그럴 때, 누군가 손 잡아주면 힘이 납니다.

첫 돌을 하루 앞두고 버림받은 미혼모 아기 '윤호'(27개월)에게
여름옷과 신발이 필요해서 도움을 청했는데 지난 6월 16일 택배가
도착했습니다. 예쁜 여름옷 두 벌과 신발 두 켤레가 담겼습니다.
윤호에게 옷과 신발을 선물한 분은 부천에서 국어 학원을 운영
하는 여성 원장님으로 두 딸의 엄마입니다. 그런데 원장님의 둘째
'이룸'이 다니는 유치원 선생님이 "이룸이 시력에 문제가 있는 것
같다"고 해서 대학병원에서 시력 검사를 했는데, "시력에 문제가
있고 좋아질 가능성이 없다"는 진단 결과가 나왔답니다. 이제 겨우
네 살인 아이가 안경을 쓰고 살아가야 한다는 가슴 아픈 소식을 듣고

마음이 아팠습니다. 제가 이럴진대 엄마의 마음은 얼마나 아플지 상상조차 어렵습니다.

그런데 이런 아픔 속에서도 윤호에게 사랑을 나누어주셨습니다. 그러면서 "더 많이 나누고 살아야 하는데 마음만 앞서고 실천이 어렵다"라며 미안해했습니다.

이 세상은 각박합니다. 나만 살기에도 힘겨운데 이웃을 돌보고 살필 겨를이 어디 있겠습니까. 그런데 내 삶이 아프고 힘든데도 나보다 더 힘든 이웃에게 손을 잡아주면서 일어서는 이웃이 있습니다.

이 세상이 살만하다고 하늘을 보며 말할 수 있는 것은 흐릿한 이 세상이 살만해서가 아니라 자신의 아픔을 내려놓고 이웃의 눈물을 닦아주는 그대들과 한 하늘 아래 살기에 살아갑니다. 그래서 이 세상을 확 걷어차 버리고 싶을 정도로 절망했다가도 차마 걷어차지 못합니다.

그대가 있어서
사랑을 포기하지 않는
그대들이 우리 곁에 있어서
절망의 막차를 미련 없이 떠나보내고
그대들이 탑승한 희망의 첫차를 기다리는 것입니다.

이룸이 엄마
힘주서서 고맙습니다.

2022년 6월 22일 편지

소년희망배달부의 꿈

기자였던 적이 있습니다.

한때는 보람이 있었으나 나이가 들면서
능력이 달렸고 눈치가 보였고 밀려났습니다.
이렇게 아등바등 살아야 하나? 심히 고민할 때
나의 구원자이신 아내가 결단을 내려주셨습니다.

"돈은 내가 벌 테니 당신은 당신이 하고 싶은 일을 하세요!"

아내가 흔쾌히 허락을 해 주셔서
마흔여섯에 가리봉으로 갔습니다.
가난한 동네 가리봉에서 오도 가도 못하는
실패한 코리안드림의 눈물을 닦아드렸습니다.

임금이 체불되고 산업재해로 신음하는
이주 노동자를 대신해 악덕 업주와 싸우고

중풍에 걸리면서 자식에게 유기돼 병원에서 사망
장례식장 냉동고에서 414일 동안이나 갇혀서 지낸
중국 동포 한 씨 노인을 벽제승화원에서 화장해 드리고
각종 질병으로 쓰러져 고통받는 중국 동포들을 병원에 입원시키고
고향인 연변에서 죽고 싶다는 암 투병 환자들을
귀환시켜 드리는 등 6년 동안 그들과 함께 무료 급식을 먹으면서
밑바닥 인생을 살았습니다.

그러던 2012년 5월
연쇄 방화로 구속된 다문화 청소년을
성동구치소에서 접견, 그 소년의 눈물에서
소년원 출신 연년생 형의 버림받은 인생이 겹쳐져서
유일한 보호자로 뇌경색 환자인 연쇄 방화범의 할아버지가 짠해서
낙인찍힌 '법자'(법무부 자식들)들과 위기 청소년들을 돕는 사람들이
너무 적어서, 나라도 나서자 싶어서 가리봉을 떠나서 부천으로
왔습니다.

상처와 실패로 얼룩진 내 인생에서
꿈은커녕 생존에 급급했던 인생에서
잘한 것이 거의 없었는데 이것만큼은
'소년희망배달부'로 일한 것만큼은 잘한 것 같습니다.

만일 내가 기자로 살았다면

힘 있는 사람들과 돈 있는 사람들과
비싼 밥을 먹으면서 술 마시고 노래했다면
내 영혼은 병들고 상해서 슬피 울었을 것입니다.
내 인생의 봄날은 오지도 꽃피지도 않았을 것입니다.

아무런 힘도 없는
소년희망배달부로 살면서
보육원 출신 고아 청년들과
엄마에게 버림받은 미혼모 아기와
짠한 원미동 할머니와 눈물 밥을 먹으면서
따뜻한 봄날을 맞이하지 못한 짠한 그들에게
봄볕 비추었더니 내 인생에 눈물꽃이 피었습니다.

가난하고 짠한 이웃에게 따뜻한 밥을 대접하고 싶었던
나의 가난한 꿈이 실현되면서 슬픈 인생이 괜찮아졌습니다.
무르팍이 까져도 괜찮고, 눈물이 나고 가슴이 아파도 괜찮고
괜찮지 않은 세상을 괜찮게 사는 내 인생이 제법 괜찮아졌습니다.

그러므로 이대로 괜찮게 살고 싶습니다.
높은 자리, 폼 좀 나는 자리 기웃거리지 않고
돈이 되는 일, 팔자가 쭉 피는 그런 일은 말고
사무실과 화장실 청소하고 미혼모 분유와 기저귀 배달하고,
버림받은 증손자 키우는 원미동 할머니 눈물을 닦아드리면서

가난한 고향을 떠나 낯선 나라 대한민국에서

두려워 떨며 방황하는 중도 입국 다문화 청소년들의 절망을 희
망으로 바꾸어주고 싶습니다.

그렇게 산 세월이 어느덧 15년

앞으로도 그렇게 살고 싶습니다.

앞으로도 희망을 배달하고 싶습니다.

희망 한 톨

— 조호진 시인의 소년희망편지

2023년 1월 6일 처음 펴냄

지은이 | 조호진
펴낸이 | 김영호
펴낸곳 | 도서출판 동연
등 록 | 제1-1383호(1992. 6. 12.)
주 소 | 서울시 마포구 월드컵로 163-3
전 화 | 02-335-2630
전 송 | 02-335-2640
이메일 | yh4321@gmail.com
인스타그램 | http://www.instagram.com/dongyeon_press

ISBN 978-89-6447-858-5 03040